RESPONSABILIDADE PESSOAL DO AGENTE PÚBLICO POR DANOS AO CONTRIBUINTE
(Uma arma contra o arbítrio do fisco)

HUGO DE BRITO MACHADO

RESPONSABILIDADE PESSOAL DO AGENTE PÚBLICO POR DANOS AO CONTRIBUINTE

(Uma arma contra o arbítrio do fisco)

RESPONSABILIDADE PESSOAL DO AGENTE PÚBLICO POR DANOS AO CONTRIBUINTE
(Uma arma contra o arbítrio do fisco)

© HUGO DE BRITO MACHADO

Direitos reservados desta edição por
MALHEIROS EDITORES LTDA.
Rua Paes de Araújo, 29, conjunto 171
CEP 04531-940 – São Paulo – SP
Tel.: (11) 3078-7205 – Fax: (11) 3168-5495
URL: www.malheiroseditores.com.br
e-mail: malheiroseditores@terra.com.br

Composição: PC Editorial Ltda.
Capa
Criação: Vânia Lúcia Amato
Arte: PC Editorial Ltda.

Impresso no Brasil
Printed in Brazil
04.2017

Dados Internacionais de Catalogação na Publicação (CIP)

Machado, Hugo de Brito.
    Responsabilidade pessoal do agente público por danos ao
M528r contribuinte : (uma arma contra o arbítrio do fisco) / Hugo de Brito
Machado. – São Paulo : Malheiros, 2017.
    128 p. ; 21 cm.

    Inclui bibliografia.
    ISBN 978-85-392-0371-0

    1. Responsabilidade (Direito). 2. Responsabilidade do Estado
- Brasil. 3. Brasil - Servidores públicos - Conduta. 4. Segurança
jurídica. 5. Processo. 6. Contribuintes (Direito tributário). I. Título.

                          CDU 342.2:347.51(81)
                          CDD 342.81068

Índice para catálogo sistemático:
1. Responsabilidade (Direito) 342.2:347.51(81)
(Bibliotecária responsável: Sabrina Leal Araujo – CRB 10/1507)

APRESENTAÇÃO

Como se percebe, o Estado brasileiro atravessa crise de irresponsabilidade que nos reduziu ao *status* de tutelados por economistas, processualistas e formadores de opinião, que se arvoram em árbitros, acima dos tribunais e legisladores, acima do Parlamento. Ao mesmo tempo, o Estado continua a ministrar lições de inadimplência e violência econômica.

Submetido a tanta incerteza e maltrato, o brasileiro reage, a dizer:

– Se o Governo, que deveria proporcionar-me dignidade e segurança, é o campeão da violência e da indignidade, nada me resta senão imitá-lo.

Ou ainda:

– Se o Poder Judiciário não obriga meu devedor a satisfazer o crédito que tenho para com ele, eu mandarei que meus credores procurem os juízes.

Essas atitudes manifestam-se na sonegação tributária; na prática de pequenos delitos; no abuso do jeitinho e de artifícios em que nada mais interessa, senão "tirar vantagem".

Resultado: apenas os tolos e os assalariados pagam impostos; as leis somente obrigam, quando atendem a nossos interesses; qualquer disputa resolve-se no Judiciário ou na violência.[1]

HUMBERTO GOMES DE BARROS
Ministro do Superior Tribunal de Justiça

1. Humberto Gomes de Barros, "Reforma cultural ou falência do Poder Judiciário", palestra no II Congresso Internacional da Justiça, em Fortaleza, Ceará, dia 8.12.1998, publicada na revista *Themis*, da Escola Superior da Magistratura do Ceará, vol. 2, n. 2, p. 93.

SUMÁRIO

APRESENTAÇÃO DE HUMBERTO GOMES DE BARROS 5

1. INTRODUÇÃO 11

2. A IDEIA DE RESPONSABILIDADE
   1. Considerações preliminares 17
   2. O dever jurídico e a responsabilidade 17
   3. Dever sem responsabilidade 21
   4. Responsabilidade sem dever 22
   5. A responsabilidade e a sanção 22
   6. A responsabilidade do Estado e o dever do agente público 27
   7. Ausência de responsabilidade do agente público por danos a terceiros 27

3. RESPONSABILIDADE DO ESTADO
   1. As teorias 29
   2. Responsabilidade do Estado nas Constituições anteriores 30
   3. Responsabilidade do Estado na Constituição de 1988 31
   4. Responsabilidade do agente público 32
   5. Distinção entre agente público e agente administrativo
      5.1 Explicação preliminar 36
      5.2 Agente político 36
      5.3 Agente administrativo 39
      5.4 Natureza jurídica da atividade e distinção quanto à responsabilidade 40

4. RESPONSABILIDADE PESSOAL DO AGENTE PÚBLICO
   1. Sentido amplo da expressão "agente público"
      1.1 Considerações iniciais 41

8 RESPONSABILIDADE PESSOAL DO AGENTE PÚBLICO

1.2 Jurisprudência do Supremo Tribunal Federal 42

1.3 Interpretando a ementa de um acórdão 43

1.4 A doutrina de Celso Antônio e os precedentes do STF 44

2. Responsabilidade do agente público 45

3. Responsabilidade dos agentes políticos 48

4. Responsabilidade dos agentes administrativos 49

5. Responsabilidade do agente fiscal de tributos 49

6. Casos de responsabilidade pessoal do agente administrativo

   6.1 Dano ao contribuinte em resposta a Consulta 50

   6.2 Auto de infração flagrantemente improcedente 53

   6.3 Suposta irregularidade na importação de mercadoria 54

   6.4 Recusa ou cancelamento indevido de inscrição 54

   6.5 Recusa indevida de fornecimento de certidão de quitação 58

   6.6 Recusa de certidão positiva que tem efeito de negativa .. 60

   6.7 Exigência de certidões negativas nos casos dos precatórios 62

   6.8 Recusa de autorização para impressão de notas fiscais .. 66

   6.9 Indevida apreensão de mercadoria 79

   6.10 Caracterização dos elementos subjetivos dolo e culpa 81

   6.11 Ineficácia da norma que define o crime de excesso de exação 82

   6.12 Dificuldade na identificação do elemento subjetivo 83

7. Argumentos contrários à responsabilidade pessoal do agente administrativo

   7.1 Os argumentos antigos de agentes fiscais 83

   7.2 O argumento geralmente utilizado 84

8. Ausência da responsabilidade pessoal do agente fiscal 85

5. VANTAGENS DA RESPONSABILIDADE PESSOAL DO AGENTE PÚBLICO

1. Considerações iniciais 87

2. Responsabilidade do ente público 88

3. Insuficiência da responsabilidade do ente público 90

4. A tendência dos juízes 92

5. O efeito preventivo da responsabilidade pessoal do agente público 94

6. Outros efeitos benéficos da responsabilidade pessoal do agente fiscal 95

SUMÁRIO

6. QUESTÕES ATINENTES À SEGURANÇA JURÍDICA

   1. Complexidade da legislação 99

   2. Divisão equitativa do ônus da insegurança 100

   3. A insegurança jurídica para o agente fiscal 100

   4. A insegurança jurídica para o contribuinte 101

   5. Quem pode evitar a complexidade da legislação 102

   6. Procedimento do agente fiscal na dúvida em face da lei 105

7. ASPECTOS PROCESSUAIS

   1. Considerações iniciais 107

   2. O direito substantivo e o direito processual 108

   3. O processo na responsabilidade civil

      3.1 As questões suscitadas 111

      3.2 A denunciação da lide 112

      3.3 Ação apenas contra o Estado 113

      3.4 Ação apenas contra o agente público 113

      3.5 Ação contra o agente público e contra o Estado 114

   4. Processo de conhecimento e processo de execução

      4.1 A decisão e sua execução 117

      4.2 Opção apenas no processo de execução 118

8. CONCLUSÕES 119

BIBLIOGRAFIA 121

1.
INTRODUÇÃO

Desde quando, nos idos de 1960, tendo concluído o curso de Técnico em Contabilidade, trabalhávamos em um escritório de contabilidade fazendo a escrituração contábil de pequenas e médias empresas que não podiam manter um contador como seu empregado, percebemos o quanto o Fisco é exigente e arbitrário. E muitas vezes os seus agentes formulam exigências infundadas, e mesmo absurdas, em face das quais a empresa tem o ônus de se defender, se não quer ou não pode pagar os valores exigidos.

Sem desconhecer que em algumas situações a formulação, pelos agentes do Fisco, de exigências indevidas, decorre de motivações escusas, preferimos sustentar que na verdade o Estado, sendo, como é, o maior titular de poder no mundo, não se conforma com as limitações que ao poder de tributar são colocadas pelo Direito Tributário, cuja finalidade essencial realmente é impor tais limitações.

O tributo sempre existiu, onde quer que existam governantes e governados. Aliomar Baleeiro, um dos maiores tributaristas brasileiros de todos os tempos, o afirma, ao escrever:

> O tributo é vetusta e fiel sombra do poder político há mais de 20 séculos. Onde se ergue um governante, ela se projeta por todo o solo de sua dominação. Inúmeros testemunhos, desde a Antiguidade até hoje, excluem qualquer dúvida.[1]

O Direito Tributário, este sim, é recente.

Temos afirmado que o Direito é um sistema de limites. Neste sentido, já escrevemos:

1. Aliomar Baleeiro, *Limitações Constitucionais ao Poder de Tributar*, 7ª ed., Rio de Janeiro, Forense, 1997, p. 1.

12   RESPONSABILIDADE PESSOAL DO AGENTE PÚBLICO

O Direito é um sistema de limites ao qual nos submetemos para que nos seja possível a vida em sociedade. *Sistema*, porque é um conjunto completo e harmonioso de prescrições.[2] O sistema é *completo* porque nele não existem espaços vazios, desprovidos de regulação. E harmonioso, ou coerente, porque nele não subsistem prescrições contraditórias. Não subsistem, porque o sistema alberga mecanismos destinados a superar as contradições eventualmente surgidas na produção jurídica, e alberga princípios que, flexíveis, permitem adaptações notáveis, capazes de superar quaisquer antinomias.

É um sistema de *limites*, porque sua finalidade essencial é limitar a liberdade de cada um, como forma de garantir a liberdade de todos. Em outras palavras, o direito é o instrumento da partilha da liberdade.[3]

Limitando liberdades, o Direito limita o poder, pois na verdade o exercício do poder pressupõe a liberdade. O poder, como se sabe é a aptidão dos seres humanos para decidir e fazer valer suas decisões. Apresenta-se de diversas formas e tem vários fundamentos. Fala-se de poder econômico, poder político, poder de liderança etc. A todas essas formas de poder o Direito impõe limites, para que os poderosos não abusem do poder. O Direito é um instrumento adequado para o estabelecimento de limites do poder.

Maravilhoso instrumento, aliás. Seguramente o melhor, senão o único capaz de assegurar um razoável grau de harmonia entre os seres humanos. O melhor, senão o único instrumento capaz de reduzir a níveis toleráveis os conflitos, e de viabilizar a solução pacífica, civilizada, racional, daqueles que se mostraram inevitáveis.[4]

Em um encontro social na residência de um amigo, um psiquiatra comentou a avaliação pouco lisonjeira que os médicos em geral fazem da psiquiatria, dizendo que um colega seu, não psiquiatra, certa vez lhe perguntou se psiquiatria é mesmo medicina. Ao que respondeu, prontamente:

2. Em vez de dizermos que o Direito é um conjunto de normas, preferimos dizer que ele é um conjunto de *prescrições*. A *norma* jurídica, como nós a concebemos, é uma espécie de prescrição jurídica. Prescrição é o gênero. Por isto mesmo nos parece mais adequado falar do conjunto de prescrições, conceito no qual estão incluídas as normas.
3. Neste sentido é a lição de Miguel Reale, ao dizer que aos olhos do homem comum o Direito é lei e ordem, isto é, um conjunto de regras obrigatórias que garante a convivência social graças ao estabelecimento de limites à ação de cada um de seus membros (*Lições Preliminares de Direito*, 10ª ed., São Paulo, Saraiva, 1983, pp. 1-2).
4. Diz-se que o Direito reduz os conflitos a níveis toleráveis porque a observância das normas faz com que os conflitos não existam. Como, porém, não existem meios para fazer com que todos observem, sempre, as normas, diz-se que os conflitos são inevitáveis. Entretanto, exatamente por isto, o Direito estabelece mecanismos para o equacionamento dos conflitos que inevitavelmente surgem entre as pessoas. Por isto se diz que o Direito é capaz de viabilizar a solução pacífica, civilizada, racional, de tais conflitos.

INTRODUÇÃO

é, colega, é exatamente *o ramo da medicina que nos permite distingui-la da veterinária.*

Colho aquela afirmação, que aparentemente nada tem a ver com o estudo do Direito, para demonstrar que o Direito é o elemento que nos permite distinguir o ser humano dos animais irracionais.

Essa ideia, aliás, não é nova. Del Vecchio registra que Aristóteles, no início de sua Política, ao apontar a diferença entre o homem e os outros animais, disse ser especificamente próprio daquele o sentido do justo e do injusto.[5]

Enquanto os animais irracionais resolvem os seus problemas de convivência a partir dos instintos e das aptidões físicas de cada qual, os seres humanos procuram resolvê-los racionalmente. Por isto estabelecem normas reguladoras de suas condutas. O Direito é esse conjunto de normas. É esse *sistema de limites, fruto da racionalidade humana.* Fruto porque provém dela, e instrumento porque se presta para realizá-la. E sendo fruto da racionalidade, e instrumento de sua realização, há de albergar necessariamente as ideias de legitimidade e de justiça.

Na verdade, o Direito, enquanto conjunto de normas, é apenas um instrumento a serviço do sentimento humano, posto que, como afirma Del Vecchio, o sentimento jurídico não é senão a exigência antropológica do Direito, sua indicação primária, a expressão psíquica de sua humana necessidade.[6]

A palavra direito, porém, como de resto acontece com as palavras em geral, é utilizada com vários significados. É plurissignificativa, porque se presta para designar não apenas uma, mas diversas realidades, como a seguir se verá.[7]

E em seguida, em nosso citado livro, discorremos a respeito dos diversos significados da palavra Direito.

Atento ao significado da palavra Direito, como um sistema de limites, não temos dúvida em afirmar que o Direito Tributário nada mais é do que um sistema de limitações ao poder estatal, no que diz respeito à instituição e cobrança de tributos.

Aliás, a nosso ver, o Direito Tributário ainda está em construção. Busca-se com ele impor limitações ao poder de tributar, que ainda é muito mais forte do que se pode imaginar, o que explica os inúmeros conflitos que se estabelecem na relação do Fisco com os contribuintes.

5. Giorgio Del Vecchio, *Hechos y Doctrinas*, trad. de Eustaquio Galán y Gutiérrez, Madrid, Reus, 2003, p. 37.
6. Giorgio Del Vecchio, *Hechos y Doctrinas*, cit., p. 38.
7. Hugo de Brito Machado, *Introdução ao Estudo do Direito*, 4ª ed., São Paulo, Atlas, 2012, pp. 7 a 9.

14 RESPONSABILIDADE PESSOAL DO AGENTE PÚBLICO

É certo que algumas vezes o conflito que se estabelece na relação tributária decorre de conduta indevida do contribuinte, que não se submete às regras da legislação tributária, seja por não ter o conhecimento adequado desta, seja movido mesmo pelo propósito de fugir ao encargo que deve suportar. É inegável, porém, que muitos conflitos na relação tributária decorrem do arbítrio dos agentes públicos, sobretudo porque estes se sentem livres de qualquer responsabilidade pelas ilegalidades que cometem no exercício de suas funções.

Nesse contexto, o que mais nos motivou a escrever este livro foi o desejo que alimentamos de contribuir para a redução do arbítrio do Fisco, pois chegamos à conclusão que a responsabilização pessoal do agente público é realmente o melhor instrumento de que podemos dispor para esse fim. E já tivemos, em nossa atividade profissional recente, oportunidade de confirmar essa ideia, pois, mais de uma vez, ameaçamos agentes públicos de cobrar deles essa responsabilidade pessoal e com isto fizemos com que mudassem de atitude e passassem a agir seriamente, vale dizer, passassem a agir de acordo com a lei.

Nessa tarefa de contribuir para a redução do arbítrio do Fisco está a utilização de conceitos jurídicos adequados, para com isto evitar o surgimento de dúvidas em face das quais geralmente aumenta o referido arbítrio.

Neste contexto, portanto, não podemos deixar de ressaltar a importância do uso adequado dos conceitos na linguagem jurídica, posto que muitas divergências doutrinárias decorrem de questões de linguagem.

Rafael Bielsa ensina, com inteira propriedade, que:

> Todo examen del vocabulario jurídico que contribuya a la aclaración y a la depuración de los conceptos debe estimarse como útil en algún grado. Si hay una disciplina en la cual conviene emplear la palabra adecuada o propia, ella es la del derecho. Tanto en el orden legislativo como en el judicial – y no digamos en el administrativo – esta precaución es indispensable aunque sólo sea para evitar controversias o discusiones que surgen precisamente de la confusión y duda sobre un término.[8]

Por outro lado, um exame atento das divergências doutrinárias nos mostra que a maior parte delas resulta muito mais de *questões de lingua-*

---

8. Rafael Bielsa, *Los Conceptos Jurídicos y su Terminología*, 3ª ed., Buenos Aires, Depalma, 1987, p. 9.

INTRODUÇÃO   15

gem do que de questões relativas propriamente às teses jurídicas. Neste sentido é a lição de Carrió, a nos dizer que:

> La relación que existe entre aquellos desacuerdos y los problemas del lenguaje es muy grande; más de lo que de ordinario advertimos. Hasta se podría decir, sin pecar de exageración, que la mayor parte de las agudas controversias que, sin mayor beneficio, agitan el campo de la teoría jurídica, deben su origen a ciertas peculiaridades del lenguaje y a nuestra general falta de sensibilidad hacia ellas.[9]

Por isto mesmo teremos o cuidado de explicar a distinção que existe entre o *dever jurídico* e a *responsabilidade*. E ainda, entre *agente público*, *agente político* e *agente administrativo*, distinção esta que nos ajuda a entender adequadamente decisão do Supremo Tribunal Federal afirmando ser inadmissível a cobrança, ao agente público, de indenização por dano causado em sua atuação, pois na verdade o caso julgado se referia a agente político e não a um agente administrativo.

Vamos começar estudando a ideia de responsabilidade, já no capítulo II, onde examinaremos a distinção que existe entre o dever jurídico e a responsabilidade, a existência de dever jurídico sem responsabilidade, e a existência de responsabilidade sem dever jurídico. Estudaremos também o conceito de sanção como resultado do descumprimento do dever jurídico, assim como a relação que existe entre responsabilidade e sanção. Em seguida, ainda no capítulo II, estudaremos a responsabilidade do Estado e o dever jurídico do agente público e a situação peculiar na qual se pode verificar a ausência de responsabilidade do agente público, por se tratar de agente político e não de agente administrativo.

No capítulo III estudaremos a responsabilidade civil do Estado, começando com uma referência às teorias sobre o assunto, para depois estudarmos a responsabilidade do Estado em nosso País, nas constituições anteriores, e depois a responsabilidade do Estado na Constituição Federal de 1988. Em seguida estudaremos a responsabilidade do agente público como o gênero, vale dizer, qualquer pessoa natural que presenta o Estado, para nesse contexto estudarmos a distinção entre agente político e agente administrativo, que é essencial para que possamos entender algumas decisões judiciais que afirmaram a não existência de responsabilidade do agente público. E nesse contexto vamos procurar demonstrar que a

9. Genaro R. Carrió, *Notas sobre Derecho y Lenguaje*, 5ª ed., Buenos Aires, Abeledo-Perrot, 2006, p. 91.

16   RESPONSABILIDADE PESSOAL DO AGENTE PÚBLICO

responsabilidade do agente público depende essencialmente da natureza jurídica da atividade estatal que desempenha.

No capítulo IV estudaremos a responsabilidade pessoal do agente público, começando por explicar o sentido amplo da expressão *agente público*, que compreende todas as pessoas que atuam em nome do Estado, para em seguida explicarmos como se caracteriza a responsabilidade dos agentes políticos e a responsabilidade dos agentes administrativos. Depois estudaremos a responsabilidade pessoal do agente fiscal de tributos, e em seguida indicaremos vários casos nos quais pode dar-se tal responsabilidade pessoal. Em seguida estudaremos argumentos contrários à responsabilização pessoal do agente fiscal, e concluiremos com a explicação de que o agente fiscal pode, se quiser, afastar inteiramente a sua responsabilidade pessoal.

No capítulo V vamos estudar as vantagens que o contribuinte pode ter em acionar o agente público. Em primeiro lugar, em face da insuficiência da responsabilidade do Estado, até em face da tendência de alguns juízes de serem favoráveis ao Poder Público, e em especial porque o Estado dispõe de fortes privilégios processuais. Depois vamos demonstrar como vantagem para o contribuinte o efeito preventivo que tem a ação contra o agente público, que passará a agir com a responsabilidade, que efetivamente não tem se a indenização por danos ao contribuinte é cobrada apenas do ente público. E finalmente, apontaremos outros benefícios que pode ter o contribuinte em acionar o agente fiscal, em vez de acionar somente o ente público.

No capítulo VI examinaremos algumas questões atinentes à segurança jurídica, tendo em vista a insegurança decorrente da complexidade da legislação tributária. Vamos explicar que o ônus da insegurança deve ser, pelo menos, dividido equitativamente entre as partes na relação tributária. Vamos demonstrar que a insegurança jurídica para o agente fiscal de tributos pode ser evitada, enquanto o contribuinte não dispõe de nenhum meio eficaz para esse fim.

Finalmente, no capítulo VII estudaremos aspectos processuais importantes para o enfrentamento da questão da proteção do direito do contribuinte à indenização por danos que lhes sejam causados por agentes fiscais na relação tributária.

2.
A IDEIA DE RESPONSABILIDADE

1. Considerações preliminares. 2. O dever jurídico e a responsabilidade. 3. Dever sem responsabilidade. 4. Responsabilidade sem dever. 5. A responsabilidade e a sanção. 6. A responsabilidade do Estado e o dever do agente público. 7. Ausência de responsabilidade do agente público por danos a terceiros

1. Considerações preliminares

Quando estudamos a responsabilidade do agente público, como acontece ao lermos este livro, é da maior importância termos uma ideia segura do que significa a palavra *responsabilidade* no âmbito da Ciência Jurídica.

Aliás, convém repetirmos: nos estudos jurídicos em geral é da maior importância o uso adequado de conceitos, pois o Direito somente se estuda com palavras e estas devem ser utilizadas com o significado adequado ao contexto em que estejam colocadas. Por isto mesmo é que ao abordarmos aqui *a ideia de responsabilidade* teremos o cuidado de iniciar este nosso estudo explicando a distinção essencial que existe entre o *dever jurídico* e a *responsabilidade*, e com isto deixando claro o significado da palavra *responsabilidade* e da palavra *dever*, assim como a possibilidade da existência de dever sem responsabilidade e de responsabilidade sem dever.

Vamos estudar também o significado da palavra *sanção*, tendo como pressuposto a *responsabilidade*, para, então, dominando esses conceitos, termos condição de estudar com proveito o tema da responsabilidade pessoal do agente público.

2. O dever jurídico e a responsabilidade

O Direito é a disciplina das relações interpessoais, vale dizer, é a disciplina que trata das relações entre as pessoas, pois não existe o que

18 RESPONSABILIDADE PESSOAL DO AGENTE PÚBLICO

poderíamos chamar o Direito do "eu sozinho". Quem vive só, em uma ilha deserta, não precisa de nenhum modo estudar o Direito. Não precisa conhecer essa disciplina, pois não tem como utilizá-la.

No contexto dessa disciplina – convém insistirmos neste ponto – é da maior importância o uso adequado das palavras, pois o Direito se expressa em palavras e sem o uso adequado destas não se pode conhecer essa importante disciplina. Por outro lado, devemos ressaltar que existem, no contexto do Direito, palavras com significados de certa forma parecidos, mas com distinção essencial, que não pode ser desconsiderada, sob pena de incorrermos em equívocos insuperáveis. Assim é que se faz da maior importância o estudo dos significados da expressão *dever jurídico* e da palavra *responsabilidade*.

O *dever jurídico* situa-se no momento da liberdade. É o dever do qual são titulares todos os sujeitos de relações jurídicas, de se comportarem de acordo com o Direito. O devedor, em princípio, é livre para adotar a conduta lícita, aquela conduta que corresponde a seu adimplemento, ou adotar a conduta ilícita, aquela conduta que corresponde a seu inadimplemento. Se, no uso dessa liberdade, adota a conduta de não cumprimento do dever, a conduta ilícita, enseja o surgimento da possibilidade de sanção, que é a consequência do ilícito, que se configura com o não comprimento do dever. A essa consequência, vale dizer, à sanção, o inadimplente pode estar sujeito, ou não. Se o inadimplente está sujeito à sanção, diz-se que ele, além de ser devedor é também responsável. Tem o dever e tem também a responsabilidade.

Pode ocorrer que o devedor não seja também responsável, que ele não tenha a responsabilidade, mas simplesmente o dever. Isto, porém, é excepcional. Em regra quem tem o dever jurídico tem também a responsabilidade a ele correspondente.

Responsabilidade é o estado de sujeição à sanção. O sujeito passivo da relação jurídica, quer dizer, o devedor, embora eventualmente possa não ter, geralmente tem a responsabilidade que corresponde a esse dever. Em outras palavras, o dever jurídico não envolve necessariamente e em todos os casos a responsabilidade, mas geralmente está de tal forma ligado a esta que muitos nem percebem a distinção que, na verdade, existe entre essas duas categorias jurídicas.

Não se trata de distinção arbitrária, mas de sólida construção da Teoria Geral do Direito. Hans Kelsen, por exemplo, a explica de forma muito clara, afirmando:

A IDEIA DE RESPONSABILIDADE

Conceito essencialmente ligado com o conceito de dever jurídico, mas que dele deve ser distinguido, é o conceito de responsabilidade. Um indivíduo é juridicamente obrigado a uma determinada conduta quando uma oposta conduta sua é tornada pressuposto de um acto coercitivo (como sanção). Mas este acto coercitivo, isto é, a sanção como consequência do ilícito, não tem de ser necessariamente dirigida – como já se fez notar – contra o indivíduo cuja conduta é pressuposto do acto coercitivo, contra o delinquente, mas pode também ser dirigido contra um outro indivíduo que se encontre com aquele numa relação determinada pela ordem jurídica. O indivíduo contra quem é dirigida a consequência do ilícito *responde* pelo ilícito, é juridicamente *responsável* por ele. No primeiro caso responde pelo ilícito próprio. Aqui o indivíduo obrigado e o indivíduo responsável são uma e a mesma pessoa. Responsável é o delinquente potencial. No segundo caso, responde um indivíduo pelo delito cometido por um outro: o indivíduo obrigado e o indivíduo responsável não são idênticos. É-se obrigado a uma conduta conforme ao Direito e responde-se por uma conduta antijurídica. O indivíduo obrigado pode, pela sua conduta, provocar ou evitar a sanção.[1]

Como se vê, Kelsen explica com meridiana clareza a distinção que existe entre o *dever jurídico* e a *responsabilidade*, de sorte que não se justifica o desconhecimento dessa importante distinção, que muitas vezes podemos observar em textos escritos por doutrinadores respeitáveis.

O dever jurídico, repita-se, está situado no momento da liberdade humana sendo, a seu respeito, pertinente falar-se de *observância* da norma, e de *aplicação* da norma. Quem aplica uma norma está, com isto, cumprindo aquela outra norma que lhe atribui esse dever, está observando a norma, e a *observância* da norma é sempre um dever jurídico.

Já a *responsabilidade* situa-se no momento da coercibilidade jurídica, sendo, a seu respeito, pertinente falar-se de *aplicação* da norma.

A este propósito, aliás, já escrevemos:

4.4 Observância e liberdade

A *observância* é diferente da *aplicação*, embora na maioria dos compêndios não se veja registrada essa diferença. A observância, como o dever jurídico, situa-se na esfera da liberdade. Cumpre-se o dever, observa-se a norma, querendo. Quem não quer não cumpre o dever. Não observa a norma. Todos temos liberdade para tanto.

Por isto é que se diz que a *observância* está na esfera da liberdade.

---

1. Hans Kelsen, *Teoria Pura do Direito*, trad. de João Baptista Machado, 3ª ed., Coimbra, Arménio Amado, 1974, p. 177.

20 RESPONSABILIDADE PESSOAL DO AGENTE PÚBLICO

Se aquele que aufere a renda tributável paga espontaneamente o tributo devido, diz-se que se deu a *observância* da norma. Observância, portanto, é o cumprimento espontâneo do dever que a norma atribui àquele que se encontra em sua hipótese definido como sujeito passivo da relação jurídica correspondente.

O dever jurídico, porém, não se confunde com a responsabilidade, que enseja a coercibilidade e a aplicação da norma e a sanção.

4.5 Aplicação, responsabilidade e coercibilidade

Se aquele que aufere a renda não observa a prescrição normativa, e não paga o tributo devido, a autoridade competente deve fazer o lançamento e a respectiva cobrança, do tributo e da penalidade correspondente, com o que estará ocorrendo a *aplicação* da norma. A aplicação, portanto, é a conduta de alguém que impõe a outro a consequência prevista na norma.

Dada a não prestação, isto é, quando aquele que auferiu a renda não pagou espontaneamente o tributo, deve ser a sanção, isto é, a multa e a execução forçada.

Note-se que a conduta daquele que *aplica* uma norma é, ao mesmo tempo, uma *observância* de outra norma. A autoridade da Administração Tributária que faz o lançamento do tributo com a penalidade correspondente está *observando* a norma que lhe atribui o dever de agir em tais circunstâncias. Está aplicando a *norma tributária*, de cuja incidência resultou devido o imposto não pago espontaneamente, e está *observando* a *norma administrativa* que lhe atribui o dever de lançar e cobrar o tributo.

Para que seja cabível o lançamento, com a consequente cobrança do tributo e da penalidade pecuniária correspondente, o sujeito passivo há de ter, além do dever de pagar o tributo, que não cumpriu, também a *responsabilidade,* que é o estado de sujeição e assim não está na esfera da liberdade, mas na esfera a coerção.

A *responsabilidade* é o estado de sujeição. Alguém é juridicamente responsável na medida em que está sujeito às consequências do não cumprimento do *dever* jurídico. Já a coercibilidade consiste na possibilidade de coagir-se alguém para que cumpra o seu dever. Sua existência liga-se diretamente à responsabilidade, e só indiretamente ao dever.[2]

Registre-se que, embora aquele que tem o dever jurídico também tenha, em regra, a responsabilidade, eventualmente pode não ser assim. Em algumas situações pode ocorrer que o dever jurídico seja de alguém que não tem responsabilidade, e também pode ocorrer que a responsa-

2. Hugo de Brito Machado, *Introdução ao Estudo do Direito*, 2ª ed., São Paulo, Atlas, 2004, pp. 103-104.

A IDEIA DE RESPONSABILIDADE 21

bilidade seja atribuída a alguém que não tem o dever jurídico, como a seguir vamos demonstrar.

3. Dever sem responsabilidade

Existe, sem dúvida, o dever jurídico sem a responsabilidade. Uma pessoa considerada juridicamente incapaz, seja aquela que ainda não alcançou a maioridade, seja aquela que está privada de suas faculdades mentais, tem dever jurídico sim, mas não tem responsabilidade.

A relação entre o *dever* e a *responsabilidade* é estabelecida em cada ordenamento jurídico, de sorte que é sempre possível uma pessoa ter o dever jurídico, vale dizer, ter o dever de se comportar desta ou daquela maneira, mas não ficar submetida às consequências jurídicas de conduta diversa, vale dizer, não ficar submetida às consequências do não cumprimento desse dever.

Inclusive, no âmbito do Direito Penal, existe em nosso ordenamento jurídico o dever sem a correspondente responsabilidade, pois não se pode dizer que os inimputáveis, que na verdade não são responsáveis pelos ilícitos cometidos, não tenham o dever de respeitar os direitos alheios. É da maior evidência que as pessoas em geral, mesmo desprovidas de responsabilidade penal, têm o dever de se comportar de modo a não lesionar direitos de outras pessoas.

Assim é que, embora reportando-se a situação inadmissível no ordenamento jurídico brasileiro, onde o Direito Penal é sempre fundado na culpabilidade, Kelsen assevera:

> O indivíduo que apenas responde pelo não cumprimento do dever de um outro (pelo ilícito cometido por um outro) não pode, pela sua conduta, provocar ou impedir a sanção. Isto é patente no caso de responsabilidade penal pelo delito de outrem, ou seja, no caso em que a sanção tem o caráter de uma pena.[3]

No Direito Penal brasileiro, repita-se, tal situação é inadmissível, porque a responsabilidade penal é sempre fundada no aspecto subjetivo das condutas, vale dizer, é sempre fundada na culpabilidade. Em outras palavras, em nosso sistema jurídico a responsabilidade penal é pessoal.

3. Hans Kelsen, *Teoria Pura do Direito*, cit., p. 177.

22 RESPONSABILIDADE PESSOAL DO AGENTE PÚBLICO

Não existe a responsabilidade penal objetiva nem a responsabilidade penal por culpa de outrem.

No campo da responsabilidade civil, todavia, em nosso ordenamento jurídico existe a responsabilidade sem o dever jurídico. É o que acontece com os avalistas, fiadores e garantidores em geral, que são responsáveis pelo cumprimento do dever jurídico de terceiros, como a seguir vamos explicar.

4. Responsabilidade sem dever

Realmente, quem assina um título de crédito como avalista, assume a responsabilidade pelo respectivo pagamento, mas não tem desde logo o dever de fazer o pagamento. Esse dever é de outra pessoa, da qual este é o avalista, e somente surge para o avalista se o devedor não fizer o pagamento no vencimento da dívida. Da mesma forma, quem assina um contrato de locação de um imóvel como fiador do inquilino, não tem desde logo o dever de pagar o aluguel do imóvel. Esse dever somente surgirá se o inquilino não fizer o pagamento na época própria.

Como se vê, é inegável a existência da responsabilidade sem o dever jurídico, vale dizer, é inegável que alguém pode ter a responsabilidade sem ter o dever jurídico. Em outras palavras, é inegável que alguém pode estar submetido às consequências do não cumprimento do dever por parte de outra pessoa.

5. A responsabilidade e a sanção

Já vimos o que é a *responsabilidade*. Vejamos agora o que é a *sanção*.

No contexto dos estudos jurídicos a palavra sanção tem mais de um significado. Aqui, porém, colocamos para estudo a palavra sanção para significar a consequência de um comportamento ilícito.

Em nosso Dicionário de Direito Tributário, escrevemos:

Sanção – É a consequência do ilícito. Pode ser uma punição, como é o caso da multa, e pode ser a execução forçada da obrigação.[4]

4. Hugo de Brito Machado e Schubert de Farias Machado, *Dicionário de Direito Tributário*, São Paulo, Atlas, 2011, p. 209.

A IDEIA DE RESPONSABILIDADE

No plano da lógica jurídica o tributo distingue-se da penalidade pecuniária precisamente porque não é consequência de ato ilícito. Assim, parece-nos que a expressão "que não constitua sanção de ato ilícito" (art. 3º do CTN), empregada pelo legislador ao definir *tributo*, é meramente explicitante. Cuida-se de norma com valioso efeito didático, que tem contribuído para a formação do Direito brasileiro. Sua adequada compreensão, porém, suscita a questão de saber o que é *sanção* e o que se deve entender por *ilícito*.

Para Daniel Coelho de Souza a sanção integra a estrutura da norma, e não apenas da norma jurídica, mas de toda norma, porque toda norma é infringível, vale dizer, tem como pressuposto a possibilidade de não ser cumprida. Parece, portanto, entender que a *sanção* é uma consequência da infração à norma. Refere-se ele à concepção comum de sanção como "promessa de um mal". Aliás, autores de nomeada assim a entendem.[5] Observa, porém, com absoluta propriedade, que embora a experiência aponte a sanção como um *mal*, isto não basta para a elaboração de um conceito jurídico, "porque a ideia de *mal* importa uma referência axiológica, ainda que precária, o que a desloca do plano científico para o plano filosófico", não podendo, portanto, "servir de base para um conceito de sanção nos quadros da ciência do direito".[6]

O Professor Arnaldo Vasconcelos sustenta que a sanção é uma consequência de uma atitude perante o Direito, podendo ser boa ou má, agradável ou desagradável. E esclarece: "Em face de uma exigência jurídica, há três condutas possíveis: *a)* a normal, ou sua observância; *b)* a anormal, ou sua inobservância; e *c)* a sobrenormal, ou a adesão a um mais, que ultrapasse o ordinariamente estabelecido para todos". Em seu entendimento, no primeiro caso consuma-se regularmente a *prestação*, não se podendo, portanto, cogitar de *sanção*. Nos dois outros casos, ou não se deu a *prestação*, "ou ela foi além do comumente exigido. Verificou-se uma não prestação, ou uma prestação a maior". Para o caso de não prestação deverá ocorrer uma sanção punitiva, e para o caso da prestação a maior deverá correr uma sanção premial.[7]

Não nos parece, porém, que o prêmio deva ser considerado uma sanção. Aliás, não há qualquer razão para se pretender colocá-lo nessa

---

5. Angel Latorre, *Introdução ao Direito*, Coimbra, Almedina, 1974, p. 19.

6. Daniel Coelho de Souza, *Introdução à Ciência do Direito*, São Paulo, Saraiva, 1980, p. 129.

7. Arnaldo Vasconcelos, *Teoria da Norma Jurídica*, Rio de Janeiro, Forense, 1978, p. 210

24 RESPONSABILIDADE PESSOAL DO AGENTE PÚBLICO

categoria. O prêmio é, isto sim, uma *prestação*. A conduta que enseja o prêmio é prevista na endonorma, e não na perinorma. Assim, por exemplo, se alguém paga, antes do vencimento, um tributo, está realizando o fato ao qual a norma liga uma prestação, vale dizer, o prêmio. Neste sentido é a lição de Mário Alberto Capello, em monografia considerada por Cossio como o mais perfeito trabalho sobre o assunto.[8]

Como ensina Daniel Coelho de Souza, invocando lição de Roberto José Vernengo, sanção e prêmio são técnicas de socialização, de motivação de condutas, pois tanto é possível controlar o comportamento do indivíduo gratificando-o pela conduta desejável, como punindo-o pela conduta indesejável. Assim, no plano sociológico, "sanção e prêmio seriam técnicas de eficácia comuns a todas as normas de convivência".[9]

No plano jurídico, porém, sanção e prêmio não se confundem. *Prêmio* é prestação. E embora prestação e sanção sejam ambas, como diz Carlos Cossio, produto da vida humana e, consequentemente, da liberdade, a sanção não se integra com o sentido da liberdade de quem a sofre, mas com o sentido da força que se opõe à liberdade do ilícito ao qual é imputada, de modo que a liberdade do ilícito é então pensada por meio de sanção.[10]

Aliás, o Professor Arnaldo Vasconcelos, não obstante diga ser o prêmio uma espécie de sanção, define esta como "um dever-ser resultante da não prestação"[11] e destaca, com ênfase:

> Na cronologia do fenômeno jurídico, situa-se como resultado da não prestação e como pressuposto da coação, que se manifestará através do poder institucionalizado, consistente num ato executivo, judicial ou mesmo legislativo. Por esse meio, obterá eficácia.[12]

Seja como for, certo é que o Código Tributário Nacional, ao definir tributo, refere-se a *sanção de ato ilícito*, com o que afastou a questão de saber se o prêmio é espécie de sanção. Para a correta compreensão da definição de tributo, como está formulada em seu art. 3º, essa questão é irrelevante. Por isto, não nos pareceu útil aqui o seu aprofundamento.

8. *Apud* Daniel Coelho de Souza, *Introdução à Ciência do Direito*, cit., pp. 139 e 140.
9. Daniel Coelho de Souza, *Introdução à Ciência do Direito*, cit., p. 140.
10. Carlos Cossio, *La Teoría Egológica del Derecho y el Concepto Jurídico de Libertad*, Buenos Aires, Abeledo Perrot, 1964, p. 689.
11. Arnaldo Vasconcelos, *Teoria da Norma Jurídica*, Rio de Janeiro, Forense, 1978, p. 209.
12. Arnaldo Vasconcelos, *Teoria da Norma Jurídica*, Rio de Janeiro, Forense, 1978, p. 214.

A IDEIA DE RESPONSABILIDADE   25

Para formular o conceito de sanção, Kelsen, coerente com a postura adotada em sua doutrina, procura afastar qualquer consideração axiológica. Afirma que não existe o ato antijurídico em si mesmo. Só é antijurídico o ato que seja tido como pressuposto de uma sanção. É incorreta, para ele, a afirmação corrente segundo a qual determinada conduta implica uma sanção por ser tal conduta antijurídica. Correto seria exatamente o inverso, isto é, uma conduta é antijurídica porque tem como consequência uma sanção.[13]

Sustentando que não se justifica o conceito de *mal em si*, afirma Kelsen ser necessário separar o problema jurídico, consistente em saber como se deve definir o ato antijurídico dentro de uma teoria do direito positivo, do problema político moral, consistente em saber a qual conduta deve o legislador vincular uma sanção.[14]

Não nos parece satisfatório o ensinamento de Kelsen neste ponto. Dizer-se que o ato é antijurídico porque foi escolhido pelo legislador como pressuposto de uma sanção é insuficiente para possibilitar a formulação de um conceito de sanção. Ficaríamos, então, em círculo vicioso: o ilícito, ou antijurídico, é o ato que tem como consequência uma sanção, enquanto a sanção seria definida simplesmente como consequência de um ato ilícito.

O próprio Kelsen, porém, oferece valioso subsídio para a solução do problema, quando adverte para a necessidade de se distinguir entre os juízos de valor objetivo e os juízos de valor subjetivo. Há um juízo de valor objetivo quando se afirma que uma conduta está de acordo, ou em desacordo, com uma norma objetivamente considerada. Há um juízo de valor subjetivo quando se afirma que uma conduta é boa, ou é má, de acordo com o desejo de um, ou de vários indivíduos. Em suas palavras:

O valor que consiste na relação de um objecto, especialmente de uma conduta humana, com o desejo ou vontade de um ou de vários indivíduos, àquele objecto dirigida, pode ser designado como valor subjectivo – para o distinguir do valor que consiste na relação de uma conduta com a norma objectivamente válida e que pode ser designado como valor objectivo. Quando o juízo segundo o qual uma determinada conduta humana é boa apenas significa que ela é desejada ou querida por uma outra ou várias outras pessoas, e o juízo segundo o qual uma conduta humana é má apenas traduz que a conduta contrária é desejada ou querida por uma ou várias

13. Hans Kelsen, *Teoría General del Derecho y del Estado*, trad. de Eduardo García Máynez, 3ª ed., México, Textos Universitarios, 1969, p. 60.
14. Hans Kelsen, *Teoria Pura do Direito*, cit., pp. 42-43.

26 RESPONSABILIDADE PESSOAL DO AGENTE PÚBLICO

outras pessoas, então o valor "bom" e o desvalor "mau" apenas existem para aquela ou aquelas pessoas que desejam ou querem aquela conduta ou a conduta oposta, e não para a pessoa ou pessoas cuja conduta é desejada ou querida. Diversamente, quando o juízo segundo o qual uma determinada conduta humana é boa traduz que ela corresponde a uma norma objectivamente válida, e o juízo segundo o qual uma determinada conduta humana é má traduz que tal conduta contraria uma norma objectivamente válida, o valor "bom" e o desvalor "mau" valem em relação às pessoas cuja conduta assim é apreciada ou julgada, e até em relação a todas as pessoas cuja conduta é determinada como devida (devendo ser) pela norma objectivamente válida, independentemente do facto de elas desejarem ou quererem essa conduta ou a conduta oposta. A sua conduta tem um valor positivo ou negativo, não por ser desejada ou querida – ela mesma ou a conduta oposta –, mas porque é conforme a uma norma ou a contradiz. O acto de vontade cujo sentido é a norma não entra aqui em linha de conta.[15]

É de suma importância, para a compreensão da doutrina kelseniana, a distinção entre dever-ser *lógico* e dever-ser *axiológico*. Segundo essa doutrina, a ciência jurídica é perturbada pela moral, pela política, pela religião etc., se o jurista não se atém dogmaticamente a seu objeto, tal como é.[16]

Também para formularmos um conceito de sanção é da maior importância a distinção entre o dever-ser lógico, ou objetivo, e o dever-ser axiológico, ou subjetivo. O sistema jurídico é composto de normas e de comandos ou ordens, vale dizer, é composto de prescrições jurídicas ou proposições prescritivas, na linguagem de Bobbio.[17] Os atos ou condutas, que observam, ou não desobedecem tais prescrições, são lícitos. Os atos, ou condutas, que desobedecem tais prescrições, são ilícitos. Ilícito, portanto, é o ato praticado em desobediência a uma prescrição jurídica, ou proposição prescritiva. E conceituado desta forma o ilícito, é possível afirmar que a sanção é a consequência de um cometimento ilícito.

Não há necessidade de recorrermos à ideia de *mal em si* para estabelecermos o conceito de ilícito. O juízo de valor que se há de formular situa-se no plano da Ciência do Direito. É um juízo de valor objetivo, ou lógico, e não um juízo de valor axiológico. Para determinar se um ato é

15. Hans Kelsen, *Teoria Pura do Direito*, cit., pp. 43-44.
16. Enrique R. Aftalión e outros, *Introducción al Derecho,* Buenos Aires, El Ateneo, 1960, p. 107.
17. Norberto Bobbio, *Contribución a la Teoría del Derecho*, Valencia, Fernando Torres Editor, 1980, pp. 293-301.

A IDEIA DE RESPONSABILIDADE   27

lícito ou ilícito, o que se há de verificar é se ele está, ou não, em conformidade com o prescrito pelo Direito.

A definição de *sanção*, assim, é viável. Podemos dizer que sanção é a consequência de um comportamento ilícito – consequência que independe da vontade da pessoa que se comportou ilicitamente. Em outras palavras, podemos dizer que a sanção é a consequência da ilicitude, que se pode efetivar independentemente da vontade daquele contra quem é imposta. Cronologicamente, vem depois do não cumprimento do dever jurídico. Como um resultado que é da *não prestação*, situa-se fora do denominado momento da liberdade, como pressuposto da *coação*, poder institucionalizado que lhe assegura eficácia.

6. *A responsabilidade do Estado e o dever do agente público*

Admitida a distinção entre o *dever jurídico* e a *responsabilidade*, e entendida esta como o estado de sujeição que o Direito pode atribuir a alguém independentemente de sua própria conduta, mas em razão da conduta de outra pessoa, fica fácil de entender e de explicar como é possível atribuir-se responsabilidade ao Estado, como a qualquer outra pessoa jurídica.

Na verdade uma pessoa jurídica, porque não é uma criatura humana, não é um ser dotado de existência física, não tem conduta própria. Sua conduta é a conduta de quem a corporifica, ou presenta. Assim, admitindo-se que o dever jurídico situa-se no âmbito da liberdade humana, é possível dizer-se que somente as pessoas naturais, ou físicas, têm dever jurídico. Só estas podem por si mesmas decidir se cumprem, ou não, as prescrições do Direito. Só estas podem, por si mesmas, decidir se adotam uma conduta lícita ou ilícita.

A responsabilidade, porém, é o estado de sujeição atribuído pelo Direito a alguém, independente de sua própria conduta. Pode o Direito, portanto, atribuir responsabilidade ao Estado, como a qualquer outra pessoa jurídica. E pode não atribuir, como no passado ocorreu.

7. *Ausência da responsabilidade do agente público por danos a terceiros*

Assim, como a responsabilidade é o estado de sujeição atribuído pelo Direito a alguém, independentemente de sua própria conduta, nossa

28 RESPONSABILIDADE PESSOAL DO AGENTE PÚBLICO

Constituição Federal atribui ao Estado esse estado de sujeição em decorrência da conduta de seus agentes, estabelecendo, no seu art. 37, § 6º, que:

> As pessoas jurídicas de direito público e as de direito privado prestadoras de serviços públicos responderão pelos danos que seus agentes, nessa qualidade, causarem a terceiros, assegurado o direito de regresso contra o responsável nos casos de dolo ou culpa.

Temos, portanto, em nosso Direito, que o Estado tem responsabilidade objetiva pelos danos causados aos cidadãos, e pode cobrar de seus agentes, que tenham agido com dolo ou culpa, o ressarcimento do valor que tenha sido obrigado a pagar ao prejudicado. E, sendo assim, poderíamos afirmar a ausência de responsabilidade do agente público pelos danos que, nessa condição cause a terceiros. A responsabilidade perante o terceiro que sofre o dano seria apenas do Estado, embora o agente público tenha responsabilidade perante o Estado, que, em ação regressiva, poderia cobrar deste o ressarcimento do valor da indenização que tenha sido obrigado a pagar.

Esse entendimento, porém, embora correto, em se tratando de agente político, não é correto em se tratando de agente administrativo, impondo-se desta forma o estudo da distinção entre essas duas espécies de agente público. Distinção que é muito clara e de fácil compreensão, como veremos no Capítulo 4, onde cuidaremos da tese central deste nosso livro, vale dizer, a responsabilidade pessoal do agente público.

3.

RESPONSABILIDADE DO ESTADO

1. As teorias. 2. Responsabilidade do Estado nas Constituições anteriores. 3. Responsabilidade do Estado na Constituição de 1988. 4. Responsabilidade do agente público. 5. Distinção entre agente público e agente administrativo: 5.1 Explicação preliminar; 5.2 Agente político; 5.3 Agente administrativo; 5.4 Natureza jurídica da atividade e distinção quanto à responsabilidade.

1. As teorias

Os doutrinadores ou teóricos que escreveram a respeito da responsabilidade do Estado podem ser divididos em três grupos, a saber: a) os que afirmavam a irresponsabilidade do Estado; b) os que preconizavam a aplicação, ao Estado, dos conceitos próprios do Direito Civil; e c) os que colocavam a questão à luz do Direito Público, e preconizavam a responsabilidade objetiva do Estado.

Assim é que Joyce Chagas de Oliveira, autora de excelente monografia sobre o tema que abordamos neste livro, escreveu:

> As teorias sobre a responsabilidade do Estado se desenvolveram em três gêneros: as teorias da irresponsabilidade do Estado; as teorias civilistas da responsabilidade do Estado – responsabilidade subjetiva; e as teorias publicistas que consagraram a responsabilidade objetiva do Estado. Essas teorias existiram em períodos históricos distintos, mas algumas conviveram na mesma época, porque passavam pelo período de transição.[1]

Neste livro não vamos cuidar da responsabilidade do Estado, mas da responsabilidade do agente público da categoria agente administrativo,

1. Joyce Chagas de Oliveira, *Responsabilidade Pessoal do Agente Público por Danos ao Contribuinte*, Curitiba, Editora Juruá, 2014, p. 89.

30 RESPONSABILIDADE PESSOAL DO AGENTE PÚBLICO

e especialmente da responsabilidade do agente fiscal, que é um agente administrativo. Por tal razão aqui vamos fazer apenas ligeira referência às nossas constituições anteriores.

2. Responsabilidade do Estado nas Constituições anteriores

Na Constituição de 1824 estava prevista a responsabilidade pessoal dos empregados públicos pelos abusos e omissões praticadas no exercício das suas funções, e por não fazerem efetivamente responsáveis aos seus subalternos. Era explicitamente assegurado o direito de petição a qualquer cidadão que pretendesse fazer valer tal responsabilidade.[2]

Na Constituição de 1891 também estava previsto que os funcionários públicos eram estritamente responsáveis pelos abusos e omissões em que incorressem no exercício de seus cargos, assim como a indulgência, ou a negligência em não responsabilizarem efetivamente os seus subalternos.[3]

A Constituição de 1934 estabelecia:

Art. 171. Os funcionários públicos são responsáveis solidariamente com a Fazenda Nacional, Estadual ou Municipal, por quaisquer prejuízos decorrentes de negligência, omissão ou abuso no exercício dos seus cargos.

§ 1º. Na ação proposta contra a Fazenda Pública, e fundada em lesão praticada por funcionário, este será sempre citado como litisconsorte.

§ 2º. Executada sentença contra a Fazenda Pública, esta promoverá execução contra o funcionário culpado.

A Constituição de 1937 também estabelecia que os funcionários públicos eram responsáveis solidariamente com a Fazenda Nacional, Estadual ou Municipal por quaisquer prejuízos decorrentes de negligência, omissão ou abuso no exercício dos seus cargos.[4]

A Constituição de 1946, por seu turno, estabeleceu que as pessoas jurídicas de direito público interno eram civilmente responsáveis pelos danos que os seus funcionários, nessa qualidade, causassem a terceiro. E ainda que lhes caberia ação regressiva contra os funcionários causadores do dano, quando tivesse havido culpa destes.[5]

2. Constituição de 1824, art. 179, incisos XXIX e XXX.
3. Constituição de 1891, art. 82.
4. Constituição de 1937, art. 158.
5. Constituição de 1946, art. 194 e seu parágrafo único.

RESPONSABILIDADE DO ESTADO 31

A Constituição de 1967 reproduziu com ligeiras diferenças de redação a norma albergada pela Constituição de 1946.[6] Referiu-se, ao tratar da ação regressiva contra o funcionário, aos casos de culpa ou dolo. Mera explicitação, porque também à luz da Constituição de 1946 era evidente a existência de responsabilidade do funcionário nos casos de dolo.

A Constituição de 1969 também reproduziu a mesma norma, consagrando a responsabilidade objetiva do ente público e a responsabilidade subjetiva do servidor.[7]

Como se vê, todas as constituições brasileiras anteriores a 1988 consagraram a responsabilidade civil por danos causados ao cidadão no exercício da atividade pública, embora se possa dizer que em face das duas primeiras, a de 1824 e a de 1891, havia responsabilidade apenas do funcionário. O Estado seria irresponsável.

3. *Responsabilidade do Estado na Constituição de 1988*

A Constituição Federal de 5 de outubro de 1988, reproduzindo e explicitando norma consagrada a partir da Constituição de 1946, estabelece que:

> As pessoas jurídicas de direito público e as de direito privado prestadoras de serviço público responderão pelos danos que seus agentes, nessa qualidade, causarem a terceiros, assegurado o direito de regresso contra o responsável nos casos de dolo ou culpa.[8]

Como se vê, nos termos da Constituição Federal de 1988 as pessoas jurídicas de direito público e as pessoas jurídicas de direito privado, prestadoras de serviço público, respondem pelos danos que os seus agentes, nessa qualidade, causarem a terceiros, independentemente de dolo ou de culpa destes.

Essa responsabilidade do Estado certamente é excluída em situações excepcionais, como caso fortuito ou de força maior, ou que evidenciam culpa atribuível à própria vítima do dano.[9] Não há dúvida, porém, de que a Fazenda Pública, seja a federal, a estadual ou a municipal, tem

6. Constituição de 1967, art. 105 e seu parágrafo único.
7. Constituição de 1969, art. 197 e seu parágrafo único.
8. Constituição Federal de 1988, art. 37, § 6º.
9. Cf. Rui Stoco, *Tratado de Responsabilidade Civil*, 6ª ed., São Paulo, Ed. RT, pp. 974 a 977.

32   RESPONSABILIDADE PESSOAL DO AGENTE PÚBLICO

responsabilidade objetiva pelos danos que os seus agentes causarem aos contribuintes. E não há dúvida, também, de que estes são responsáveis por tais danos quando agirem com culpa, ou dolo. Não apenas os agentes fiscais, funcionários públicos, mas todos os agentes públicos.

No estudo da tese que sustentamos, é interessante examinarmos a evolução das constituições no que diz respeito à responsabilidade por danos causados pelo poder público. Primeiro, só o funcionário respondia, nos casos de dolo ou culpa. Depois, a Fazenda passou a responder junto com o funcionário, também nos casos de dolo ou culpa, para em seguida a responsabilidade do Estado passar a ser mais ampla, com a ação de regresso contra o servidor nos casos de dolo ou culpa.

Há quem sustente que a regra constitucional que atribui responsabilidade ampla ao Estado foi introduzida para proteger os agentes públicos contra a cobrança de indenização, o que termina sendo verdade em face da omissão do Estado na cobrança do ressarcimento a que tem direito, quando é condenado a indenizar. Entretanto, como a indenização paga pelo Estado termina saindo do bolso da população em geral, que paga impostos, justo é que nos casos de culpa ou dolo do servidor seja este obrigado a pagar a indenização pelo dano causado.

Resta apenas saber se a responsabilidade pessoal do agente público, nos casos de culpa ou dolo, pode ser cobrada diretamente pela vítima do dano, ou se somente a Fazenda Pública, uma vez condenada a indenizar, pode acionar o seu agente regressivamente.

É o que vamos a seguir examinar.

4. Responsabilidade do agente público

Para o estudo da responsabilidade pessoal do agente público por danos decorrentes de sua atuação, é da maior importância a distinção entre agente político e agente administrativo.

Realmente, o Supremo Tribunal Federal já decidiu pelo não cabimento da ação para cobrança de indenização contra o agente público.[10] Essa tese justifica-se plenamente em se tratando da responsabilidade de agentes políticos, como era o caso apreciado. Aliás, com a referida decisão o Supremo Tribunal Federal negou provimento a recurso extraor-

10. STF, 1ª Turma, RE 327.904-1-SP, rel. Min. Carlos Brito, j. 15.8.2006, *DJU* de 8.9.2006.

RESPONSABILIDADE DO ESTADO

dinário interposto contra acórdão do Tribunal de Justiça de São Paulo, assim ementado:

> *Indenizatória – Ilegitimidade passiva do agente político. Prática de atos próprios da função – Legitimidade passiva da pessoa jurídica de direito público (entendimento do art. 37, § 6º, da C. Federal) – Recurso improvido.*

Por outro lado, como se vê do relatório feito pelo eminente Min. Carlos Brito, no caso em questão cuidava-se de ação promovida por uma instituição beneficente de um município paulista contra o ex-Prefeito, cobrando deste indenização por danos que teriam resultado de um decreto de intervenção do Município em hospital de propriedade da entidade autora. Ato próprio do Chefe do Poder Executivo, portanto. E ato de conteúdo eminentemente político.

A nosso ver, portanto, o acórdão em referência não implicou mudança na orientação jurisprudencial da Corte Maior que é favorável à responsabilização pessoal do agente público enquanto agente administrativo. Mesmo assim, preocupa-nos a possibilidade de vir o acórdão em tela a ser invocado na defesa da tese segundo a qual o agente público, mesmo da categoria dos agentes administrativos, não responde diretamente perante o cidadão ao qual tenha causado dano agindo em nome do Estado.

Por isto nos parece oportuna a abordagem do tema, para demonstrarmos, em primeiro lugar, que a ementa do julgado em tela não deve ser entendida como mudança de rumo na jurisprudência da Corte Maior. E depois a conveniência, no plano da Política Jurídica, de se preservar a orientação jurisprudencial que consagra a responsabilidade pessoal do agente público.

A possibilidade de interpretação indevida de acórdãos não constitui novidade. Nossa iniciativa de tentar explicar limitação do alcance de um julgamento para evitar indevidas invocações da jurisprudência já ocorreu em Rafael Santiago Costa, ilustre Advogado em Belo Horizonte, que a revelou em excelente artigo sobre ICMS na importação, em que afirma:

> O que aqui se busca é a análise da jurisprudência recentemente produzida pelo Supremo Tribunal Federal sobre o assunto proposto (...) de forma a confrontá-la com o entendimento que já vinha sendo sustentado pelo Excelso Tribunal e tornar possível verificar se o mesmo sofreu ou não alguma alteração.[11]

11. Rafael Santiago Costa, "ICMS/Importação: entendimento do STF acerca da legitimidade ativa", *Revista Dialética de Direito Tributário*, São Paulo, Dialética, n. 133, outubro de 2006, p. 88.

34 RESPONSABILIDADE PESSOAL DO AGENTE PÚBLICO

A manifestação do Supremo Tribunal Federal, no RE 327.904-1-SP, acima referido, não implicou mudança na orientação jurisprudencial da Corte Maior que é, como se sabe, favorável à responsabilização pessoal do agente público enquanto agente administrativo.

Ressalte-se que o único doutrinador invocado na fundamentação de seu voto pelo eminente Min. Carlos Britto, foi Celso Antônio Bandeira de Mello, e este sustenta, tal como nós, ser possível a cobrança da indenização diretamente do agente público.

Na verdade afirmam a possibilidade de propositura de ação contra o Estado e também contra o agente público, entre muitos outros, Oswaldo Aranha Bandeira de Mello e Celso Antônio Bandeira de Mello.[12] E este último invoca em seu apoio a jurisprudência do Supremo Tribunal Federal, que conferimos – e constatamos que, efetivamente, a Corte Maior tem reconhecido que o lesado pode mover ação contra o Estado e contra o agente, conjuntamente.[13]

Quando o prejudicado opta pela ação também contra o agente público, querendo ou não, estará fazendo valer o sentido punitivo da indenização, atitude que, com certeza, funcionará como remédio contra os abusos do Estado, desde que muitos adotem esse comportamento.

Aliás, sendo o agente público réu na ação em que é cobrada indenização pelo dano, certamente terá de contratar advogado para defendê-lo, pois poderá haver conflito entre a tese a ser sustentada em sua defesa e a defesa da entidade pública, conflito que impedirá o advogado público de atuar como advogado do agente, e este fato, vale dizer, a necessidade de contratar um advogado para defender-se, certamente já induzirá a que o agente público passe a tratar com mais cuidado as relações que envolvem direitos alheios. Na verdade condenação ao pagamento de indenização, por pequena que seja esta, certamente terá muito mais efeito contra as práticas abusivas do que uma vultosa indenização a ser paga pelo ente público, que, a final, sai do bolso de todos nós contribuintes.

12. Celso Antônio Bandeira de Mello, *Curso de Direito Administrativo*, 33ª ed., São Paulo, Malheiros Editores, 2016, pp. 1.066 e ss.
13. RE 90.071-SC, Pleno, rel. Min. Cunha Peixoto, j. 26.9.1980, *RTJ* 96/237; RE 94.121-MG, rel. Min. Moreira Alves, j. 26.3.1982, *RTJ* 105/225-234, entre outros julgados.

RESPONSABILIDADE DO ESTADO   35

Como se vê, o fato de haver o eminente Min. Carlos Britto invocado
a doutrina do ilustre administrativista Celso Antônio Bandeira de Mello,
nos parece indicar a provável existência de alguma sintonia de pontos de
vista, pelo menos no que concerne à questão da responsabilidade civil
do Estado e de seus agentes, de sorte que, uma vez esclarecida a distinção entre o *agente político* e o *agente administrativo*, certamente aquele
eminente Ministro aposentado da Corte Maior vai especificar melhor a
tese por ele consagrada no julgado em questão, deixando claro que no
mesmo quis referir-se apenas ao agente político.

Registre-se, finalmente, que os precedentes do Supremo Tribunal
Federal no sentido de que os agentes públicos respondem civilmente
apenas perante a Administração, em ação regressiva, foram formados
em casos nos quais se apreciou a responsabilidade de agente político.
O precedente invocado pelo Min. Carlos Britto, no AgR no AI 167.659-
PR, rel. Min. Carlos Velloso, julgado em 18.6.1996, porta a seguinte
ementa:

> *Constitucional. Responsabilidade Civil do Estado. Ato do Agente Pú-
> blico: Governador. C.F., art. 37, § 6º.*
>
> I – No caso, o ato causador de danos patrimoniais e morais foi praticado
> pelo Governador do Estado, no exercício do cargo; deve o Estado responder
> pelos danos. CF, art. 37, § 6º.
>
> II – Se o agente público, nessa qualidade, agiu com dolo ou culpa, tem
> o Estado ação regressiva contra ele (CF, art. 37, § 6º).
>
> III – RE inadmitido. Agravo não provido.

Em síntese, a jurisprudência do Supremo Tribunal Federal vinha
admitindo a responsabilidade pessoal do agente público. Ultimamente,
porém, tem decidido de forma contrária, em casos nos quais as ações
foram propostas contra agentes políticos. Embora nessas decisões não
tenha sido feito expressa referência à distinção entre agente político e
agente administrativo, acreditamos não ter havido mudança na jurisprudência do Supremo Tribunal Federal, mas apenas a adequação para os
casos concretos.

Assim, é da maior importância a distinção entre agente *político* e
agente *administrativo*, que deve ser posta em destaque pelo contribuinte
que promover ação cobrando diretamente de um agente público, indenização por dano sofrido na relação tributária.

36   RESPONSABILIDADE PESSOAL DO AGENTE PÚBLICO

5. Distinção entre agente político e agente administrativo

5.1 Explicação preliminar

A expressão *agente público* designa o gênero, vale dizer, toda e qualquer pessoa que atua em nome do Poder Público. Nas palavras da ilustre Professora Maria Sylvia Zanella di Pietro, temos que:

> Perante a Constituição de 1988, com as alterações introduzidas pela Emenda Constitucional n. 18/98, pode-se dizer que são quatro as categorias de agentes públicos:
>
> 1. agentes políticos;
>
> 2. servidores públicos
>
> 3. militares; e
>
> 4. particulares em colaboração com o Poder Público.[14]

No contexto do estudo que empreendemos neste livro, vale dizer, no contexto da responsabilidade pessoal por danos ao contribuinte, importa-nos estudar a distinção essencial que existe entre os agentes políticos e os servidores públicos, espécie que indiscutivelmente compreende o que preferimos denominar agentes administrativos, que são os servidores públicos que atuam em nome do Estado no exercício da atividade na qual se relaciona com o contribuinte.

Em outras palavras, aqui nos reportamos a duas espécies de agentes públicos, a dos *agentes políticos* e a dos *agentes administrativos*. E vamos explicar a distinção essencial que existe entre essas duas espécies de agente público. Distinção que se mostra importante para a adequada compreensão das manifestações do Supremo Tribunal Federal em decisões a respeito da responsabilidade pessoal desses agentes públicos.

Aliás, a doutrina dos administrativistas é muito clara ao apontar quem é o agente político e quem é o agente administrativo, permitindo que se perceba facilmente a distinção, como veremos a seguir.

5.2 Agente político

Na lição de Toshio Mukai, temos que:

14. Maria Sylvia Zanella di Prieto, *Direito Administrativo*, 20ª ed., São Paulo, Atlas, 2007, p. 476.

RESPONSABILIDADE DO ESTADO 37

Os *agentes políticos* são aqueles que exercem os cargos superiores na estrutura estatal constitucional não subordinados a superior hierárquico, mas apenas aos ditames constitucionais. São pessoas que atuam com ampla liberdade no exercício de suas funções típicas, com atribuições, prerrogativas e responsabilidades estabelecidas na Constituição. Numa acepção ampla, podem ser considerados servidores públicos de nível político e *status* constitucional.

São os que exercem mandatos de representação política nos Poderes Executivo ou Legislativo, como deputados, senadores, vereadores, Presidente da República, governadores, prefeitos; no Poder Judiciário (magistrados em geral), bem como membros do Ministério Público e os membros dos Tribunais de Conta. Portanto, são os que foram investidos em cargos, funções, conselhos ou comissões por nomeação, eleição, designação ou delegação para o exercício de funções constitucionais.

Esses agentes políticos exercem funções governamentais nos Poderes Executivo, Legislativo e Judiciário, sendo as autoridades públicas supremas em cada em cada ente público da federação, pois não se subordinam a superior hierárquico no exercício de suas atribuições típicas. Apesar disso, suas ações são regidas principalmente pela Constituição e por leis especiais no que concerne a escolha, investidura, conduta e processo por crimes funcionais e de responsabilidade. As prerrogativas que lhes são reconhecidas não constituem privilégios pessoais, mas apenas garantias para o pleno e adequado exercício de suas funções constitucionais.[15]

Hely Lopes Meirelles, por sua vez, ensina que:

Os agentes políticos exercem funções governamentais, judiciais e quase judiciais, elaborando normas legais, conduzindo os negócios públicos, decidindo e atuando com independência nos assuntos de sua competência. São as *autoridades públicas supremas* do Governo e da Administração na área de sua atuação, pois não estão hierarquizadas, sujeitando-se apenas aos graus e limites constitucionais e legais de jurisdição. Em doutrina, os agentes políticos têm plena liberdade funcional, equiparável à independência dos juízes nos seus julgamentos, e, para tanto, ficam a salvo de responsabilização civil por seus eventuais erros de atuação, a menos que tenham agido com culpa grosseira, má-fé ou abuso de poder.

Realmente, a situação dos que governam e decidem é bem diversa da dos que simplesmente administram e executam encargos técnicos e pro-

15. Toshio Mukai, *Direito Administrativo Sistematizado*, São Paulo, Saraiva, 1999, p. 152.

38 RESPONSABILIDADE PESSOAL DO AGENTE PÚBLICO

fissionais, sem responsabilidade de decisão e de opções políticas. Daí por que os *agentes políticos* precisam de ampla liberdade funcional e maior resguardo para o desempenho de suas funções. As prerrogativas que se concedem aos agentes políticos não são privilégios pessoais; são garantias necessárias ao pleno exercício de suas altas e complexas funções governamentais e decisórias. Sem essas prerrogativas funcionais os agentes políticos ficariam tolhidos na sua liberdade de opção e de decisão, ante o temor de responsabilização pelos padrões comuns da culpa civil e do erro técnico a que ficam sujeitos os funcionários profissionalizados.

Nesta categoria encontram-se os *Chefes de Executivo* (Presidente da República, Governadores e Prefeitos) e seus *auxiliares imediatos* (Ministros e Secretários de Estado e de Município); os membros das *Corporações Legislativas* (Senadores, Deputados e Vereadores); os *membros do Poder Judiciário* (Magistrados em geral); os *membros do Ministério Público* (Procuradores da República e da Justiça, Promotores e Curadores Públicos); *os membros dos Tribunais de Contas* (Ministros e Conselheiros); *os representantes diplomáticos* e demais autoridades que atuem com independência funcional no desempenho de atribuições governamentais, judiciais ou quase-judiciais, estranhas ao quadro do serviço público.[16]

Celso Antônio Bandeira de Mello, em magistral síntese, ensina que

Agentes políticos são os titulares dos cargos estruturais à organização política do País, ou seja, ocupantes dos que integram o arcabouço constitucional do Estado, o esquema fundamental do Poder. Daí que se constituem nos formadores da vontade superior do Estado.[17]

Se entendermos que representar é fazer presente quem poderia estar, por si mesmo, presente, porque tem corpo físico, enquanto presentar é fazer presente quem não pode por si mesmo estar presente porque não tem corpo físico, diremos que os agentes políticos presentam o Estado. Em outras palavras, podemos dizer que os agentes políticos corporificam o Estado. Eles são as pessoas por meio das quais o Estado se faz presente.

Por isto mesmo podemos dizer que os agentes políticos exercem o poder estatal enquanto poder político, vale dizer, exercem atividade política, muito mais livre do que a atividade administrativa dita discricionária.

16. Hely Lopes Meirelles, *Direito Administrativo Brasileiro*, 42ª ed., São Paulo, Malheiros Editores, 2016, pp. 81-82.
17. Celso Antônio Bandeira de Mello, *Curso de Direito Administrativo*, 33ª ed., cit., p. 257.

RESPONSABILIDADE DO ESTADO

5.3 Agente administrativo

O agente administrativo, repita-se, não presenta o Estado, mas o representa. Assim é que Toshio Mukai, depois de explicar o que são os agentes políticos, afirma:

> Agentes Administrativos ou servidores públicos em sentido estrito são todas as pessoas naturais vinculadas profissionalmente ao Poder Público, sujeitas à hierarquia administrativa sob regime celetista ou estatutário, e também os dirigentes das entidades paraestatais, os quais, eleitos ou designados, passam a ter vinculação institucional com os órgãos da Administração aos quais a entidade se encontra vinculada. São servidores públicos administrativos, pois não exercem cargos ou funções no nível mais alto da organização estatal, o da Constituição.[18]

Hely Lopes Meirelles, por sua vez, depois de explicar o que são os agentes políticos, doutrina:

> Agentes administrativos: são todos aqueles que se vinculam ao Estado ou às suas entidades autárquicas e fundacionais por relações profissionais, sujeitos à hierarquia funcional e ao regime jurídico determinado pela entidade estatal a que servem. São investidos a título de emprego e com retribuição pecuniária, em regra por nomeação e, excepcionalmente, por contrato de trabalho ou credenciamento. Nessa categoria incluem-se, também, os dirigentes de empresas estatais (não os seus empregados), como representantes da Administração indireta do Estado, os quais, nomeados ou eleitos, passam a ter vinculação funcional com órgãos públicos da Administração direta, controladores da entidade.
>
> Os agentes administrativos não são membros de Poder de Estado, nem o representam, nem exercem atribuições políticas ou governamentais; são unicamente servidores públicos, com maior ou menor hierarquia, encargos e responsabilidades profissionais dentro do órgão ou da entidade a que servem, conforme o cargo, emprego ou a função em que estejam investidos. De acordo com a posição hierárquica que ocupam e as funções que lhes são cometidas, recebem a correspondente parcela de autoridade pública para o seu desempenho no plano administrativo, sem qualquer poder político. Suas atribuições, de chefia, planejamento, assessoramento ou execução, permanecem no âmbito das habilitações profissionais postas remuneradamente a serviço da Administração. Daí por que tais agentes respondem sempre por simples culpa pelas lesões que causem à Administração ou a terceiros

18. Toshio Mukai, Direito Administrativo Sistematizado, cit., p. 152.

40 RESPONSABILIDADE PESSOAL DO AGENTE PÚBLICO

no exercício de suas funções ou a pretexto de exercê-las, visto que os atos profissionais exigem perícia técnica e perfeição de ofício.[19]

Neste livro, ao cogitarmos da responsabilidade pessoal do agente público, estamos tratando da responsabilidade dos agentes administrativos, e, mais especificamente, como nos referimos aos agentes fiscais de tributos, podemos dizer que estamos nos referindo aos agentes que exercem atividade plenamente vinculada, pois o tributo, como se vê no art. 3º do Código Tributário Nacional, é prestação pecuniária compulsória instituída em lei e cobrada mediante atividade administrativa plenamente vinculada.

5.4 Natureza jurídica da atividade
e distinção quanto à responsabilidade

Insistimos em deixar claro que a distinção quanto à responsabilidade pessoal do agente público, decorre da distinção quanto à natureza jurídica da atividade que desempenha em nome do Estado.

Assim, colocada com clareza essa distinção, não temos dúvida de que o agente administrativo que atua nas relações de tributação tem, sim, responsabilidade pessoal pelos danos que em sua atividade cause ao sujeito passivo da relação tributária, bem como quanto à possibilidade que daí decorre, de o contribuinte cobrar, diretamente do agente público, indenização por danos que este lhe cause, independentemente da responsabilidade do Estado por esses danos, que deve ser cobrada em pedido subsidiário, a ser atendido nos casos em que, por qualquer razão, o agente público não seja condenado a tal pagamento, ou sendo condenado não disponha de condições patrimoniais para suportar esse ônus.

19. Hely Lopes Meirelles, *Direito Administrativo Brasileiro*, cit., pp. 83-84.

4.
RESPONSABILIDADE PESSOAL DO AGENTE PÚBLICO

1. Sentido amplo da expressão "agente público": 1.1 Considerações iniciais; 1.2 Jurisprudência do Supremo Tribunal Federal; 1.3 Interpretando a ementa de um acórdão; 1.4 A doutrina de Celso Antônio e os precedentes do STF. 2. Responsabilidade do agente público. 3. Responsabilidade dos agentes políticos. 4. Responsabilidade dos agentes administrativos. 5. Responsabilidade do agente fiscal de tributos. 6. Casos de responsabilidade pessoal do agente administrativo: 6.1 Dano ao contribuinte em resposta a Consulta; 6.2 Auto de infração flagrantemente improcedente; 6.3 Suposta irregularidade na importação de mercadoria; 6.4 Recusa ou cancelamento indevido de inscrição; 6.5 Recusa indevida de fornecimento de certidão de quitação; 6.6 Recusa de certidão positiva que tem efeito de negativa; 6.7 Exigência de certidões negativas nos casos dos precatórios; 6.8 Recusa de autorização para impressão de notas fiscais; 6.9 Indevida apreensão de mercadoria; 6.10 Caracterização dos elementos subjetivos dolo e culpa; 6.11 Ineficácia da norma que define o crime de excesso de exação; 6.12 Dificuldade na identificação do elemento subjetivo. 7. Argumentos contrários à responsabilidade pessoal do agente administrativo: 7.1 Os argumentos antigos de agentes fiscais; 7.2 O argumento geralmente utilizado. 8. Ausência da responsabilidade pessoal do agente fiscal.

1. Sentido amplo da expressão "agente público"

1.1 Considerações iniciais

Especialmente quando examinamos a jurisprudência a respeito da questão da responsabilidade pessoal do agente público, é da maior importância termos em vista a distinção que existe entre agente político e agente administrativo.

42 RESPONSABILIDADE PESSOAL DO AGENTE PÚBLICO

Efetivamente, a expressão *agente público* compreende duas espécies distintas, a saber, a espécie denominada *agente político* e a espécie denominada *agente administrativo*. E a identificação de cada uma dessas espécies de agente público, repita-se, é de decisiva importância quando estudamos a responsabilidade pessoal do agente público por danos ao contribuinte. A desatenção para essa distinção pode nos levar a não entender adequadamente a decisão do Supremo Tribunal Federal, na qual a Corte Maior afirmou não ser um ex-prefeito responsável por um dano contra ele reclamado.

1.2 Jurisprudência do Supremo Tribunal Federal

Apreciando um recurso extraordinário, a Primeira Turma do Supremo Tribunal Federal decidiu não ser um ex-Prefeito responsável perante o cidadão pelos danos causados a este no exercício de sua função de prefeito municipal. A responsabilidade civil do agente público, tanto quanto sua responsabilidade administrativa, existiria apenas perante a pessoa jurídica de Direito Público em nome da qual atua ao causar o prejuízo.

A decisão em tela porta a seguinte ementa:

> *Recurso Extraordinário. Administrativo. Responsabilidade objetiva do Estado. § 6º do art. 37 da Magna Carta. Ilegitimidade passiva ad causam. Agente público (ex-prefeito). Prática de ato próprio da função. Decreto de intervenção.*

O § 5º do artigo 37 da Magna Carta autoriza a proposição de que somente as pessoas jurídicas de direito público, ou as pessoas jurídicas de direito privado que prestem serviços públicos, é que poderão responder, objetivamente, pela reparação de danos a terceiros. Isto por atos ou omissão dos respectivos agentes, agindo estes na qualidade de agentes públicos, e não como pessoas comuns. Esse mesmo dispositivo constitucional consagra, ainda, dupla garantia: uma, em favor do particular, possibilitando-lhe ação indenizatória contra a pessoa jurídica de direito público, ou de direito privado que preste serviço público, dado que bem maior, praticamente certa, a possibilidade de pagamento do dano objetivamente sofrido. Outra garantia, no entanto, em prol do servidor estatal, que somente responde administrativa e civilmente perante a pessoa jurídica a cujo quadro funcional se vincula. Recurso extraordinário a que se nega provimento.[1]

1. STF, 1ª Turma, RE 327.904-1-SP, rel. Min. Carlos Brito, j. 15.8.2006, *DJU* de 8.9.2006.

RESPONSABILIDADE PESSOAL DO AGENTE PÚBLICO   43

Essa tese tem, é certo, apoio em significativa parte da doutrina. E se justifica plenamente em se tratando da responsabilidade de agentes políticos, como era o caso apreciado

1.3 Interpretando a ementa de um acórdão

A ementa de qualquer julgado deve ser interpretada em razão do caso concreto. A tese que resume deve ser entendida em função das circunstâncias do caso deslindado e, não raras vezes, expressa enunciado que não deve ser generalizado de sorte a transbordar as circunstâncias do caso. E, no caso, todas as circunstâncias estão a indicar que o enunciado albergado pela ementa do julgado em tela não pode ser aplicado aos casos nos quais o agente público não seja um agente político.

A nosso ver, portanto, o acórdão proferido pelo Supremo Tribunal Federal, cuja ementa transcrevemos, alberga tese que se aplica somente aos agentes políticos. Não aos agentes administrativos. E nossa convicção restou fortalecida com o exame que fizemos do inteiro teor do acórdão em questão, no qual não foi feita nenhuma referência a mudança de entendimento que estaria sendo consagrada, embora existam precedentes da Corte Maior que admitem a responsabilidade pessoal do agente público por danos causados ao cidadão. A única doutrina invocada para fundamentar o acórdão em referência é a de Celso Antônio Bandeira de Mello, precisamente o autor que lidera a tese segundo a qual a responsabilidade do agente público pode ser cobrada diretamente pela vítima do dano. E o único precedente do próprio Supremo, invocado no julgado em tela, diz respeito a responsabilidade de agente político, governador de Estado, e não de agente administrativo. [2]

Não temos dúvida, portanto, de que o acórdão proferido no RE 327.904-1-SP, do qual foi relator o eminente Min. Carlos Brito, não deve

---

2. STF, AgR no AI 167.659-PR, rel. Min. Carlos Velloso, j. 18.6.1996, com a seguinte ementa:

Constitucional. Responsabilidade Civil do Estado. Ato do agente público: Governador. C.F., art. 37, § 6º.

I – No caso, o ato causador de danos patrimoniais e morais foi praticado pelo Governador do Estado, no exercício do cargo; deve o Estado responder pelos danos. CF, art. 37, § 6º.

II – Se o agente público, nessa qualidade, agiu com dolo ou culpa, tem o Estado ação regressiva contra ele (CF, art. 37, § 6º).

III – RE inadmitido. Agravo não provido.

44 RESPONSABILIDADE PESSOAL DO AGENTE PÚBLICO

ser interpretado como modificador do entendimento jurisprudencial da Corte Maior, pois, na verdade, não implicou, de nenhum modo, mudança na sua jurisprudência.

1.4 A doutrina de Celso Antônio e os precedentes do STF

Como dissemos, a única doutrina alicerçando a fundamentação do voto do eminente Min. Carlos Brito foi a do notável administrativista Celso Antônio Bandeira de Mello. Administrativista que, na trilha de Oswaldo Aranha Bandeira de Mello, defende a tese segundo a qual é viável a responsabilização direta do agente público por danos causados ao cidadão.

Sobre o tema já escrevemos:

> Admitindo a possibilidade de ação contra o Estado e também contra o agente público manifestam-se, entre outros, Oswaldo Aranha Bandeira de Mello e Celso Antônio Bandeira de Mello,[3] este último invocando em seu apoio a jurisprudência do Supremo Tribunal Federal que, segundo verificamos, efetivamente tem reconhecido que o lesado pode mover ação contra o Estado e contra o agente, conjuntamente.[4] Em se tratando de magistrado, porém, como acima ficou registrado (item 4.5.), o Supremo Tribunal Federal entendeu incabível a ação do particular prejudicado diretamente contra o agente público que qualificou como agente político, sem responsabilidade civil pelos atos jurisdicionais praticados.
>
> Ao optar pela ação também contra o agente público o autor estará buscando fazer valer o sentido punitivo da indenização, atitude que seguramente funcionará, na medida em que muitos a adotarem, como excelente remédio contra os abusos praticados em nome do Estado.
>
> Aliás, só o fato de ser chamado a juízo como réu, e ter de contratar advogado para defender-se, posto que em geral haverá conflito entre a defesa do ente público e a de seu agente, impedindo o procurador do primeiro de atuar como advogado do segundo, já fará com que o agente público passe a tratar com mais cuidado com os direitos alheios. E uma condenação ao pagamento de indenização, por pequena que seja esta, certamente terá muito mais efeito contra as práticas abusivas do que uma vultosa indenização a ser paga pelo ente público, que a final sai do bolso de todos nós contribuintes.

3. Celso Antônio Bandeira de Mello, *Curso de Direito Administrativo*, 11ª ed., Malheiros Editores, 1999 [33ª ed., 2016, pp.1.066 e ss.].
4. RE 90.071-SC, Pleno, rel. Min. Cunha Peixoto, j. 26.9.1980, *RTJ* 96/237; RE 94.121-MG, rel. Min. Moreira Alves, j. 26.3.1982, *RTJ* 105/225-234, entre outros julgados.

RESPONSABILIDADE PESSOAL DO AGENTE PÚBLICO 45

Por isto, se a vítima do dano está convencida de que o agente público agiu com dolo ou culpa, deve promover ação contra ele e contra o Estado. Dirá que pretende provar a ocorrência de dolo, ou de culpa do primeiro réu, e pedirá a condenação de ambos, responsáveis solidários que são pela indenização correspondente. Formulará, porém, contra o Estado, que tem responsabilidade objetiva, pedido subsidiário a ser deferido na hipótese de o julgador a final não restar convencido da presença do elemento subjetivo indispensável ao atendimento do pedido principal.[5]

Pode ter havido de nossa parte impropriedade no trato da questão de ordem processual, quando na parte final do trecho acima transcrito nos referimos a um pedido subsidiário, mas isto não importa ao tema tratado. Neste livro os aspectos processuais serão abordados no capítulo final, no qual examinaremos a ação com a qual o prejudicado deve cobrar a indenização à qual tem direito. Voltemos, pois, à questão da possibilidade de ação contra o agente público na doutrina de Celso Antônio Bandeira de Mello.

Como se vê, o prestígio que o eminente Min. Carlos Brito concedeu ao ilustre administrativista, ao invocar sua doutrina, nos permite acreditar que exista alguma sintonia de pontos de vista, de sorte que ao colocar-se a distinção entre o agente político e o agente administrativo, certamente o culto magistrado vai especificar melhor a tese por ele consagrada no julgado em questão, de sorte a deixar claro que no mesmo se referiu apenas ao agente político.

Assim, por considerarmos que é realmente decisiva a importância dessa distinção, adiante vamos examinar o conceito de agente público e o que devemos entender por cada uma de suas duas espécies, a saber, agente político e agente administrativo.

2. Responsabilidade do agente público

A palavra *agente* designa aquele que atua em nome de outra pessoa. No melhor dicionário da língua portuguesa que conhecemos está o registro de algumas significações para a palavra *agente*, entre os quais o de "pessoa especializada que trata de negócio por conta alheia, ou que representa os interesses de seus clientes".[6]

5. Hugo de Brito Machado, "Responsabilidade pessoal do agente público por danos ao contribuinte", *Revista Dialética de Direito Tributário*, São Paulo, Dialética, n. 95, agosto/2003, pp. 93-94.
6. Aurélio Buarque de Holanda Ferreira, *O Dicionário da Língua Portuguesa*, Rio de Janeiro, Nova Fronteira, 1999, p. 69.

46   RESPONSABILIDADE PESSOAL DO AGENTE PÚBLICO

A expressão *agente público*, portanto, designa aquele que age em nome do Poder Público. É uma expressão genérica. Todo e qualquer pessoa que age, ou atua, em nome do Estado, é um agente público. A depender da natureza da relação existente entre o Estado e a pessoa que age em seu nome, teremos a qualificação dessa pessoa, que pode ser considerada como um agente político ou como um agente administrativo.

Assim, temos que agentes públicos:

São as pessoas incumbidas de exercer alguma função administrativa. O cargo ou função pertence ao Estado e não ao agente que o exerce, razão pela qual o Estado pode suprimir ou alterar cargos e funções. Os cargos são os lugares criados no órgão para serem providos por agentes, que exercerão suas funções na forma legal. O cargo integra o órgão, enquanto o agente, como pessoa física, unicamente titulariza o cargo para servir ao órgão. Órgão, função e cargo são criações abstratas da lei, são instituições encarnadas pelo agente, que é pessoa física. A função é o encargo atribuído aos órgãos, cargos e agentes. Portanto, cargo público é o lugar instituído na organização do funcionalismo, com denominação específica, atribuições também específicas e salário correspondente, para ser provido e exercido por um titular. Quanto à função administrativa, é a atribuição ou conjunto de atribuições dado pela Administração a cada categoria profissional ou cometida individualmente a determinados servidores para a execução dos serviços.[7]

A expressão *agente público*, repita-se, designa o gênero, do qual são espécies os agentes políticos e os agentes administrativos. Na verdade, porque as pessoas jurídicas não são corpóreas, existem sempre pessoas físicas ou naturais que agem em nome delas. Essas pessoas são os agentes públicos. É assim, não apenas no Brasil, mas onde quer que exista um Estado, vale dizer uma entidade pública personificada.

Sobre o que se deve entender por agente público, doutrinou Duguit:

Par l'expression agent public, je désigne toute personne qui participe d'une manière permanente, temporaire ou accidentelle à l'activité publique, sans avoir cependant le caractère de gouvernant direct ou représentant. Peu importe d'ailleurs comment elle y participe, que ce soit par de simples opérations matérielles.

7. Gilbert Ronald Lopes Florêncio, *Novo Dicionário Jurídico*, 2ª ed., São Paulo, Editora de Direito, p. 78.

RESPONSABILIDADE PESSOAL DO AGENTE PÚBLICO 47

Par suite de l'extension considérable que prennent les services publics dans tous les pays modernes, partout, et particulièrement en France, le nombre des agents publics est devenu considérable.[8]

E no que diz respeito à responsabilidade dos funcionários, Duguit registrou que:

L'article 24 de la Déclaration des Droits de 1793 formulait le principe d'une manière particulièrement énergique : "Elle (la garantie sociale) ne peut exister si les limites des fonctions publiques ne sont pas clairement déterminées par la loi et si la responsabilité de tous les fonctionnaires n'est pas assurée".[9]

Essa expressão *agentes públicos* compreende espécies distintas, entre as quais está a dos agentes políticos e a dos agentes administrativos. Espécies que são inteiramente diversas no que diz respeito à responsabilidade pessoal pelos atos que praticam no exercício de suas funções.

A propósito da abrangência da expressão agentes públicos, e de da distinção entre as suas espécies, especialmente na relação de tributação, já escrevemos:

Com a expressão *agente público* designamos todas as pessoas que agem corporificando o Estado. Como assevera Lúcia Valle Figueiredo, com apoio em Celso Antônio Bandeira de Melo e em doutrinadores estrangeiros, o conceito de agente público é bem mais amplo do que o de funcionário público, pois nele estão incluídos, além dos funcionários públicos, os agentes políticos e os particulares que atuam em colaboração com a Administração Pública, inclusive os contratados temporariamente.[10]

Na relação de tributação, em princípio, atuam apenas os servidores públicos em sentido restrito, entretanto, não excluímos a possibilidade de ocorrência de violações a direitos fundamentais do contribuinte praticada com a participação de outras categorias de agentes públicos. Assim, no que importa ao presente estudo, consideramos que a expressão agente público abrange duas espécies, a saber, os *agentes políticos* e os *agentes administrativos* ou servidores públicos em sentido estrito. E consideramos relevante a distinção entre essas duas categorias de agentes públicos em razão da

8. Léon Duguit, *Traité de Droit Constitutionnel*, Paris, Fontemoing, 1930, vol. III, pp. 1 - 2.

9. Léon Duguit, *Traité de Droit Constitutionnel*, cit., vol. III, p. 286.

10. Cf., Lúcia Valle Figueiredo, *Curso de Direito Administrativo*, 5ª ed., São Paulo, Malheiros Editores, 2001, p. 263 [9ª ed., 2008, p. 285].

48 RESPONSABILIDADE PESSOAL DO AGENTE PÚBLICO

forma pela qual deve ser cobrada a responsabilidade civil dos integrantes de cada uma delas.[11]

A distinção entre agentes políticos e agentes administrativos é especialmente relevante no que concerne à responsabilidade pessoal de cada um deles pelos danos que eventualmente causem ao contribuinte, como a seguir se verá.

3. Responsabilidade dos agentes políticos

A expressão *agentes políticos* designa uma espécie de agentes públicos, que são, repita-se, as pessoas que agem ou atuam em nome do Estado. Pessoas cuja atuação é absolutamente necessária porque, repita-se, as pessoas jurídicas não são corpóreas, não podem atuar a não ser por intermédio de pessoas físicas.

Os agentes políticos ostentam características especiais, que os colocam em condições de verdadeiros presentantes do Poder Público, e cuja atuação não se submete à estrita legalidade, porque existe uma margem considerável de liberdade desses agentes no exercício das funções políticas. Diversamente do que ocorre com os agentes administrativos, os agentes políticos não exercem atividade administrativa, mas atividade política.

Em nosso ordenamento jurídico podemos dizer que os agentes políticos são geralmente eleitos pelo voto popular. São agentes como o Presidente da República, os Governadores de Estados, os Prefeitos, os Deputados, federais e estaduais, e os Vereadores. Esses agentes são pessoas físicas que corporificam o ente estatal e agem em nome deste. Fazem presente o Poder Público.

Aliás, é exatamente porque o agente político é um verdadeiro presentante do Poder Público, agindo em nome e por conta deste, que não é razoável atribuir-se a ele responsabilidade pessoal pelos danos que cause ao cidadão. Essa responsabilidade é apenas do Poder Público, conforme já decidiu o Supremo Tribunal Federal, em acórdão já por nós aqui examinado (item 1.2, acima)

11. Hugo de Brito Machado, *Direitos Fundamentais do Contribuinte e a Efetividade da Jurisdição*, São Paulo, Atlas, 2009, p. 209.

RESPONSABILIDADE PESSOAL DO AGENTE PÚBLICO

4. Responsabilidade dos agentes administrativos

Os agentes administrativos, diversamente, são pessoas que compõem o denominado *funcionalismo público*. Como se pode ver no mais completo dicionário jurídico editado em nosso País, agente administrativo:

> É o encarregado de fazer funcionar o serviço público, constituindo-se no funcionário público ou no agente que não pertence aos quadros do funcionalismo.[12]

Já a expressão *agente político*, conforme já acima estudamos, tem significado bem diverso. Segundo o dicionário que acabamos de referir,

> 1. Diz-se daquele que tem a titularidade de cargo integrante da estrutura constitucional e da organização política do Estado, como: chefe do Executivo, nas três esferas, ministro de Estado, secretário de Estado, senador, deputado e vereador. 2. Titular de cargo estrutural à organização política do País (Celso Antônio Bandeira de Mello).[13]

Como se vê, há uma diferença essencial entre o agente político e o agente administrativo, especialmente no que diz respeito à responsabilidade pessoal de cada um, como pessoa física ou natural. Enquanto o agente político não existe como pessoa física, incorporada que está, inteiramente, ao Poder Público, quanto à sua forma de agir e, consequentemente, quanto à sua responsabilidade, que é a responsabilidade da entidade pública por ele corporificado, o agente administrativo não é um presentante, mas um representante, vale dizer, ele age como pessoa física ou natural, como um representante da entidade pública.

Os agentes administrativos são os funcionários públicos em geral, que não desempenham atividades políticas, mas, isto sim, atividades administrativas. Atuam, portanto, sem que estejam despidos de sua personalidade individual e assim, como consequência, assumem, sim, responsabilidade pessoal pelos atos que praticam.

5. Responsabilidade do agente fiscal de tributos

Os agentes fiscais de tributos são agentes públicos, constituem uma categoria de funcionários públicos e nessa condição caracterizam-se como

12. Maria Helena Diniz, *Dicionário Jurídico*, São Paulo, Saraiva, vol. 1, p. 134.
13. Maria Helena Diniz, *Dicionário Jurídico*, cit., vol. I, p. 138.

50 RESPONSABILIDADE PESSOAL DO AGENTE PÚBLICO

agentes administrativos e não como agentes políticos. É indiscutível, portanto, que eles assumem responsabilidade pessoal pelos atos ilegais que praticam.

Assim, quando um agente fiscal de tributos lavra contra um contribuinte um auto de infração flagrantemente ilegal, e causa prejuízos a este, seja com os custos de sua defesa administrativa e judicial, seja com o abalo de crédito que tenha decorrido da situação de autuado, esse agente fiscal responde pessoalmente por tais prejuízos, sendo viável, portanto, a propositura pelo prejudicado de ação indenizatória diretamente contra ele, vale dizer, ação indenizatória do contribuinte prejudicado contra o agente administrativo causador do prejuízo.

A propositura de ação de indenização diretamente contra o agente fiscal tem consideráveis vantagens, como veremos no capítulo seguinte, onde vamos examinar especificamente essas vantagens, com a tese que explica a nossa iniciativa de produzir este pequeno estudo, procurando contribuir para o aperfeiçoamento, em nosso sistema jurídico, da relação de tributação como verdadeira relação jurídica.

Aliás, não é somente o agente fiscal em sentido estrito que tem responsabilidade por danos causados ao contribuinte, mas os agentes administrativos em geral, que atuam na relação fisco-contribuinte, e praticam com dolo ou culpa, atos ilegais que causem danos ao contribuinte, como acontece em situações que a seguir vamos examinar.

6. Casos de responsabilidade pessoal do agente administrativo

6.1 Dano ao contribuinte em resposta a Consulta

Para bem entendermos a questão do dano que o contribuinte pode sofrer em decorrência de uma resposta a Consulta feita ao fisco, é importante esclarecermos desde logo o que vem a ser a Consulta Fiscal.

O Decreto 70.235, de 6.3.1972, que em face da vigente Constituição Federal tem a natureza de lei ordinária, estabelece que o sujeito passivo da obrigação poderá formular consulta sobre dispositivos da legislação tributária aplicáveis a fato determinado.[14] E depois de estabelecer regras relativas ao procedimento e aos efeitos da consulta, diz, expressamente, que não cabe pedido de reconsideração da decisão proferida em processo

14. Decreto 70.235/1972, art. 46.

RESPONSABILIDADE PESSOAL DO AGENTE PÚBLICO

de consulta, inclusive da que declarar a sua nulidade, o que em outras palavras quer dizer que o contribuinte que não quiser se submeter ao que constar da resposta a ele oferecida só resta ingressar em juízo para discutir sua validade.[15]

Não há dúvida, portanto, de que a consulta é um procedimento administrativo específico, que produz efeito vinculante para o contribuinte, obrigando-o a adotar a conduta consubstanciada na resposta a ele oferecida. E se tal conduta não corresponde ao que a lei determina, e lhe causa prejuízo, o contribuinte tem direito de ser indenizado pelo Poder Público que à mesma o obrigou.

Este entendimento já foi acolhido pelo Supremo Tribunal Federal.

Realmente, julgando o RE. 131.741-8-SP, o Supremo Tribunal Federal decidiu que a o contribuinte tem direito a indenização pelos danos sofridos em decorrência de haver adotado o entendimento firmado em resposta a consulta que formulara ao fisco. O acórdão então proferido tem a seguinte ementa:

> *Tributário – Consulta – Indenização por danos causados*. Ocorrendo resposta a consulta feita pelo contribuinte e vindo a administração pública, via o fisco, a evoluir, impõe-se-lhe a responsabilidade por danos provocados pela observância do primitivo enfoque.

Para a adequada compreensão dessa manifestação do Supremo Tribunal Federal, que afirma a responsabilidade do Estado pelo prejuízo causado ao contribuinte com a resposta a Consulta Fiscal, vejamos o que afirmou o Min. Marco Aurélio em seu voto. Depois de examinar os aspectos processuais do cabimento do recurso, o Min. Marco Aurélio afirmou:

> Resta examinar o atendimento ao pressuposto específico, que é a violência à Carta Política da República, mais precisamente ao artigo 107 da anterior, no que, tal como acontece com a atual, encerrava a responsabilidade das pessoas jurídicas de direito público pelos danos que os respectivos funcionários causassem a terceiros em tal qualidade. Colho como fatos incontroversos:
>
> a) a Recorrente formulou consulta à Secretaria de Fazenda visando a elucidar o momento próprio do recolhimento do imposto sobre circulação de mercadorias – se ao ser expedida a nota fiscal para entrega futura ou a real saída dos produtos industrializados;

15. Decreto 70.235/1972, art. 58.

RESPONSABILIDADE PESSOAL DO AGENTE PÚBLICO

b) a Secretaria de Fazenda, mediante pronunciamento da consultaria tributária, informou, sobre a incidência quando da emissão da nota fiscal para entrega futura;

c) considerados procedimentos de outras empresas que atuam na área, voltou a Recorrente a endereçar consulta à Secretaria, vindo à balha resposta, subscrita pelo mesmo consultor tributário – Dr. Álvaro Reis Laranjeira – e aprovado pelo consultor tributário chefe – Dr. Antônio Pinto da Silva – em sentido diametralmente oposto;

d) à época dos recolhimentos, solapava a inflação.

O instituto da consulta tributária não se mostra informal.

E depois de citar e transcrever dispositivos da legislação do ICMS, assevera:

No caso dos autos, a Recorrente, demonstrando inegável confiança no fisco e, portanto, havendo adotado postura de absoluta boa-fé, fez-lhe uma consulta e, a partir dela, adotou procedimento que, em última análise, veio a implicar antecipação do recolhimento do imposto. Enquanto isso, empresas congêneres agiam de modo diverso, tendo como data própria não a da emissão da nota fiscal para entrega futura, em se tratando de imposto diferido, mas da efetiva saída do produto industrializado. Eis que a ora Recorrente, tomando conhecimento desse fato, voltou a consultar a Administração Pública e esta, então, modificando a postura anterior, tudo indicando diante da admissibilidade, como correto, do que vinha sendo praticado pelas demais empresas, acabou por consignar que a data própria seria não a da expedição da nota fiscal, mas a da efetiva saída da mercadoria.

Senhor Presidente, este caso é exemplar no tocante à necessidade de adotar-se postura que estimula os contribuintes a acionarem o instituto da consulta e, ao mesmo tempo, atribua à Administração Pública uma maior responsabilidade ao respondê-las. De duas, uma: ou a Administração Pública não será compelida a atuar no âmbito da consultoria, ou está e, claudicando, pouco importando o motivo, assume os danos que tenha causado ao contribuinte. O que não se concebe é que, diante da normatividade da matéria, fique a Administração Pública, na hipótese de equívoco – que, afinal, para ela implicou inegável vantagem – deixe de indenizar aquele que sofreu o correspondente prejuízo. Dizer-se que, na espécie, este não ocorreu é olvidar a perda do poder aquisitivo da moeda e, mais do que isto, a circunstância de precocemente haver o interessado demonstrado importância para satisfazer o tributo quando este ainda não era exigível. Reflita-se sobre a repercussão do fato diante dos efeitos da espiral inflacionária. Uma coisa é a antecipação voluntária, outra é a induzida por resposta do órgão próprio da Fazenda que, uma vez descumprida, acarretaria a lavratura de auto de infração, sujeitando às penalidades aplicáveis.

RESPONSABILIDADE PESSOAL DO AGENTE PÚBLICO 53

Não há dúvida, portanto, de que, nos termos do ordenamento jurídico vigente em nosso País, o contribuinte tem direito à indenização pelos danos decorrentes do comportamento que adota em razão da resposta à Consulta feita à Administração Tributária. E não se venha dizer que a resposta indevida, dada à Consulta, não decorre de dolo ou culpa do agente público. A ocorrência de dolo pode ser rara, mas acontece, como ocorreu em caso ao qual vamos nos referir logo adiante, ao examinarmos um caso concreto no qual se deu a lavratura de auto de infração flagrantemente improcedente. E a ocorrência de culpa é inegável, porque o agente administrativo tem o dever de conhecer a legislação tributária com a qual trabalha, e se não conhece, respondendo Consulta de forma indevida, a sua culpa é evidente.

6.2 Auto de infração flagrantemente improcedente

Conhecemos caso concreto no qual um agente fiscal de tributos, depois de haver feito demorada e completa fiscalização nos livros e documentos de uma empresa, afirmou não haver constatado nenhuma falta, vale dizer, informou haver constatado que a empresa cumpria rigorosamente toda a legislação tributária. Entretanto, como estava precisando de dinheiro para tratamento de saúde de um dependente seu, pediu que o diretor da empresa lhe desse certa quantia, e como isto lhe foi negado lavrou um auto de infração flagrantemente improcedente contra a mesma.

Seguindo orientação de seu advogado, a empresa comunicou, por escrito, ao agente fiscal, que cobraria dele todas as despesas que teria de fazer para defender-se, e juntou à impugnação uma cópia da comunicação feita ao fiscal. A autoridade julgadora de primeira instância despachou dando oportunidade ao agente fiscal para se manifestar a respeito, e este fez então uma longa manifestação com a qual estaria fundamentando o auto de infração, mas, a rigor, confessou a sua absoluta falta de fundamento, tanto que a ação fiscal foi julgada improcedente logo em primeira instância administrativa, fato que é muito raro em nosso País.

Considerando que a despesa com a impugnação foi pequena, a empresa resolveu não cobrar o seu prejuízo do agente fiscal, mas não há dúvida de que tinha direito de fazê-lo, por se tratar de um dano a ela causado por comportamento doloso daquele agente administrativo.

54 RESPONSABILIDADE PESSOAL DO AGENTE PÚBLICO

6.3 Suposta irregularidade na importação de mercadoria

Outro caso, do qual tomamos conhecimento, que se presta para fundamentar a tese que defendemos, deu-se com um agente fiscal que reteve mercadorias importadas do exterior, no porto, mas não lavrou auto de infração.

Orientado por seu advogado, o importador disse ao fiscal que se ele não liberasse a mercadoria, nem lavrasse o auto de infração narrando o motivo da retenção, promoveria ação judicial contra ele cobrando a indenização pelo prejuízo que estava sofrendo com a demora.

Diante da ameaça o agente fiscal liberou imediatamente a mercadoria, pois sabia de sua responsabilidade pelos prejuízos decorrentes da demora, e, a rigor, não havia motivo para a retenção, não sendo caso, portanto, de lavratura de auto de infração.

6.4 Recusa ou cancelamento indevido de inscrição

Em alguns Estados a legislação permite o indeferimento do pedido de inscrição no cadastro de contribuintes, ou o cancelamento da inscrição, em circunstâncias que indica, prática que pode ensejar a responsabilidade pessoal do agente administrativo.

Para que se perceba o quanto é inadmissível a negativa, ou o cancelamento de inscrição do contribuinte no cadastro de contribuintes de determinado tributo, como tem ocorrido especialmente nas Secretarias de Fazenda ou Finanças dos Estados com contribuintes do ICMS, basta que se tenha clara a ideia da finalidade da questionada inscrição.

Existem tributos com fatos geradores que ocorrem de forma isolada, ou instantânea, enquanto existem tributos com fatos geradores que ocorrem numa relação continuada, ou continuativa. Para os primeiros, não se faz necessário um cadastro de contribuintes, pois estes não permanecem numa relação com o fisco. São contribuintes apenas em situações esporádicas, eventuais, relacionadas a fatos específicos, submetidos a controles que não dizem respeito à relação tributária, como é o caso do imposto sobre transmissão de bens imóveis. Para os últimos, porém, é necessário um cadastro dos contribuintes, que se submetem ao controle permanente dos fatos que praticam na relação de tributação.

A legislação estadual referente ao imposto sobre operações relativas à circulação de mercadorias e prestações de serviços de transporte inte-

RESPONSABILIDADE PESSOAL DO AGENTE PÚBLICO

restadual e intermunicipal e de comunicação,[16] cuida de um cadastro dos contribuintes desse imposto, que define como o registro centralizado e sistematizado no qual se inscreverão, antes de iniciarem suas atividades, todas as pessoas físicas ou jurídicas definidas em lei como contribuintes do ICMS, e conterá dados e informações que os identificará, localizará e classificará segundo a sua natureza jurídica, atividade econômica, tipo de contribuinte e regime de recolhimento do imposto.[17] Da mesma forma, as fazendas da União e dos Municípios dispõem de cadastros de contribuintes de seus impostos.

Ao requerer inscrição nesses cadastros, os contribuintes identificam-se perante a Fazenda Pública e passam a agir sob o controle desta no desempenho de suas atividades profissionais ou econômicas, especialmente no que concerne aos fatos relevantes na relação tributária. E essa identificação geralmente é condição indispensável para que possam emitir, ou ter em seus nomes emitidos, e utilizar os documentos que a legislação tributária exige como obrigações tributárias acessórias.

A inscrição no cadastro de contribuintes, como se vê, atende ao interesse da Administração Tributária. Para o contribuinte, ela não precisaria existir se não fosse a necessidade de obedecer a legislação tributária. Para o contribuinte, aliás, seria melhor se não existissem as obrigações tributárias acessórias, entre elas a de inscrever-se em cadastro de contribuintes. Tal inscrição não atende a interesse seu, mas, exclusivamente, a interesse da Fazenda Pública.

A inscrição no cadastro de contribuintes é uma obrigação tributária acessória. Aquele que pretende exercer determinada atividade tem o dever de se identificar perante a Fazenda Pública interessada na cobrança do tributo que incide sobre a mesma, para viabilizar o controle de seus atos relevantes na relação de tributação na qual passa a ser sujeito passivo.

A recusa do pedido de inscrição, assim como o cancelamento da inscrição já existente, constitui forma de obrigar o contribuinte a operar na clandestinidade. Em outras palavras, constitui forma de obrigar o contribuinte a agir ilegalmente.

Ocorre que na generalidade das situações o contribuinte não tem como exercer suas atividades sem dispor da documentação exigida pela legislação tributária. Um comerciante, por exemplo, não tem como pro-

16. CF, art. 155, inciso II.
17. Assim dispõe o Regulamento do ICMS do Estado do Ceará, art. 92.

mover a circulação de mercadorias sem dispor das notas fiscais que a legislação tributária exige. Por outro lado, muitos compradores exigem a nota fiscal, sem a qual não farão a compra. Em síntese, o fato de não estar regularmente inscrito no cadastro de contribuintes implica, na generalidade dos casos, total impossibilidade de exercício da atividade profissional ou econômica.

A legislação estadual referente ao ICMS geralmente estabelece diversas causas para o indeferimento do pedido de inscrição no cadastro de contribuintes, a maioria delas absolutamente inadmissíveis, como ocorre, por exemplo, com a indicada na legislação do Ceará, segundo a qual a inscrição não será concedida "quando o titular ou sócio da empresa pleiteante estiver inscrito na Dívida Ativa do Estado ou participe de outra que esteja cassada, suspensa ou baixada de ofício".[18] É da maior evidência que o fato de estar o titular do empreendimento, se pessoa física, ou qualquer dos sócios da empresa, se pessoa jurídica, com débito para com a Fazenda, bem como em face de algumas das outras razões previstas na legislação, constituem formas de compelir o devedor ao pagamento do que lhe é exigido pelo fisco, sem que tenha sequer a oportunidade de questionar a validade jurídica da exigência.

No âmbito federal não é diferente. Tornou-se comum o cancelamento, pela Receita Federal, de inscrições de contribuintes, pessoas físicas, como sanção pela não apresentação de declaração de rendimentos, ou de isentos, durante certo tempo. Esse cancelamento é uma sanção política, ou sanção anômala, absolutamente inconstitucional, e se destina apenas a justificar a cobrança de uma "taxa" pelo restabelecimento da inscrição, outra violação flagrante da Constituição Federal.

Realmente, a inscrição do contribuinte no Cadastro de Pessoas Físicas é uma obrigação deste, para que o fisco o conheça e possa mantê-lo sob controle. Com o cancelamento, o contribuinte é posto indevidamente na clandestinidade, o que o impede de praticar quase todos os atos de sua vida normal. E ao pleitear o restabelecimento de sua inscrição ele está simplesmente a fazer uma petição, que a Constituição Federal assegura independentemente do pagamento de taxas.[19] É evidente, portanto, o arbítrio, tanto no ato do cancelamento do CPF, como na cobrança de taxa para o seu restabelecimento.

18. Regulamento do ICMS do Estado do Ceará (Decreto 24.569, de 31.7.1997), art. 94, inciso IV.
19. CF, art. 5º, inciso XXIV, alínea "a".

RESPONSABILIDADE PESSOAL DO AGENTE PÚBLICO 57

A Lei 11.941, de 27.5.2009, resultante da conversão da Medida Provisória 449, de 3.12.2008, notável exemplo de descaso do governo para com a Ordem Jurídica,[20] cuida dos mais diversos assuntos, inclusive do cancelamento de inscrição no Cadastro Nacional da Pessoa Jurídica-CNPJ. Para tanto, altera dispositivos da Lei 9.430, de 27.12.1996, pertinentes ao assunto, albergando verdadeiras sanções políticas – porque o cancelamento da inscrição em cadastro de contribuinte, repita-se, implica negar o direito ao exercício de atividade econômica ou profissional para quem não esteja atendendo as exigências tributárias da Fazenda Nacional.

Sobre este assunto já escrevemos:

> Maior absurdo não pode haver, porque isto significa colocar como condição para o exercício de atividade econômica o pagamento do tributo. A inscrição no cadastro de contribuintes não pode ser transformada em autorização para exercer a atividade econômica. Nem o seu cancelamento em forma de obrigar o contribuinte a cumprir seus deveres para com o Estado. Mesmo o contribuinte mais renitente na prática de infrações à lei tributária não pode ser proibido de comerciar. Mesmo aquele que tenha sido condenado, no juízo criminal competente, por prática de crime de sonegação de tributos, tem o direito de continuar exercendo o comércio, porque a lei não comina aos que cometem esse crime a pena de proibição do exercício do comércio.
>
> Aliás, mesmo a lei penal, lei ordinária federal posto que à União compete legislar em matéria penal, não pode cominar a pena de cancelamento de inscrição do contribuinte, posto que estaria instituindo pena de caráter perpétuo, que a Constituição proíbe (CF/88, art. 5º, inciso XLVII, alínea "b").[21]

Em nosso sistema jurídico é incontestável o direito ao livre exercício da atividade econômica. A vigente Constituição Federal, aliás, coloca fora de qualquer dúvida razoável esse direito, afirmando expressamente:

> É assegurado a todos o livre exercício de qualquer atividade econômica, independentemente de autorização de órgãos públicos, salvo nos casos previstos em lei.[22]

Em face de tudo isto, não temos dúvida em afirmar que o agente administrativo responsável pelo indeferimento de um pedido de inscrição,

---

20. A Lei 11.941, conversão da Medida Provisória 449, trata de diversos assuntos, em flagrante menosprezo ao estabelecido na Lei Complementar 95, de 26.2.1998.
21. Hugo de Brito Machado, "Sanções políticas no Direito Tributário", *Revista Dialética de Direito Tributário*, São Paulo, Dialética, n. 30, março/1998, pp. 48-49.
22. CF, art. 170, parágrafo único.

58 RESPONSABILIDADE PESSOAL DO AGENTE PÚBLICO

ou pelo cancelamento da inscrição de um contribuinte, pode ser obrigado a pagar a este a indenização pelos danos decorrentes. Isto, é claro, nos casos em que não esteja simplesmente cumprindo determinação expressa de lei.

Havendo lei prescrevendo a negativa de inscrição, ou o cancelamento da inscrição do contribuinte, coloca-se a questão de saber se o agente administrativo que cumpre o dispositivo legal pode ser pessoalmente responsabilizado. Em outras palavras, coloca-se a questão de saber se o agente administrativo pode deixar de cumprir uma lei por considerar que esta é inconstitucional. E, na verdade, o agente administrativo não tem competência para declarar a inconstitucionalidade de lei. Entretanto, se a lei já foi declarada inconstitucional, em decisão definitiva, pelo Supremo Tribunal Federal, é indiscutível que o agente administrativo não apenas pode, como deve deixar de aplicar essa lei.

Nos casos em que a lei não tenha sido declarada inconstitucional, o agente administrativo tem o dever de aplicá-la, e a responsabilidade pelo dano causado ao contribuinte deve ser cobrada do ente público, em ação na qual se coloque a questão da inconstitucionalidade.

6.5 Recusa indevida de fornecimento de certidão de quitação

As situações nas quais é exigida a apresentação, pelo contribuinte, de certidão de quitação, foram ampliadas indevidamente, sem qualquer justificação plausível, o que demonstra ser tal exigência uma forma oblíqua de execução fiscal, posto que, muitas vezes, o contribuinte, para obter a certidão, termina pagando quantias apontadas como devidas, renunciando ao direito de contestar a exigência.

Por outro lado, ignorando inteiramente a distinção que existe entre o *dever* e a *responsabilidade*, o fisco tem negado Certidão Negativa de Débito a quem não tem débito, embora possa ser responsabilizado por débito de outra pessoa. A ilegalidade da recusa é flagrante. Mesmo assim a Fazenda Nacional ainda insiste. Tanto que o STJ negou provimento a Recurso Especial por ela interposto, afirmando:

> 1. A existência de débito em nome da sociedade, inscrito em dívida ativa, não constitui, por si só, empecilho à expedição de certidão negativa em nome do sócio-cotista, contra o qual não houve lançamento algum, que não figura como responsável na certidão de dívida ativa e contra o qual não foi proposta execução fiscal. Só se pode indeferir certidão negativa

RESPONSABILIDADE PESSOAL DO AGENTE PÚBLICO 59

quando for possível certificar o contrário, ou seja, quando se pode certificar a existência do débito. E não se pode certificar (positivamente) senão o que consta oficial e formalmente nos assentamentos do Fisco.

2. Recurso Especial a que se nega provimento.[23]

Realmente, o direito à certidão negativa e um direito fundamental do contribuinte, flagrante e constantemente violado pela Administração Pública. Em muitos casos, a exigência da certidão de quitação é feita indevidamente, e quando o contribuinte tenta atender tal exigência, em muitos casos encontra o obstáculo consistente na recusa a seu pedido de certidão.

Conhecemos inúmeros casos nos quais é negado ao contribuinte o seu direito à certidão, sendo, em alguns deles, ridículo o argumento utilizado para a recusa. Entre estes podemos citar o caso do contribuinte ao qual foi negada a certidão de quitação, conhecida como Certidão Negativa de Débito, porque o sistema registrara haver o mesmo feito o pagamento de cinquenta e poucos reais sem que existisse o débito correspondente. É evidente que não existia débito nenhum a impedir o fornecimento da certidão, mas o funcionário incumbido do serviço alegou que como ninguém paga sem dever, no caso o interessado com certeza deixara de prestar a declaração do imposto correspondente, sendo, portanto, devedor da multa correspondente ao inadimplemento da obrigação acessória, isto é, da obrigação de declarar. E assim, somente depois de regularizada tal situação é que poderia ser fornecida a certidão desejada, cabendo ao contribuinte, tanto a iniciativa como o ônus de provar a sua regularidade perante a Fazenda.

É da maior evidência que o ônus de constatar a infração, se esta aconteceu, é da Administração Tributária, como é desta o ônus de lançar a multa, se for o caso, e só então existirá o débito capaz de justificar a recusa ao pedido de certidão negativa.

Outro caso que nos chamou a atenção foi o de alguns contribuintes que fizeram pagamentos com erro no denominado "código da receita", um número que identifica qual o tributo ao qual se refere o pagamento. Em face desse erro o sistema informatizado não reconheceu aqueles pagamentos, e assim permaneceram em aberto os débitos, embora também estivessem registrados os pagamentos, dos quais resultaram créditos

---

23. STJ, 1ª Turma, REsp 721.569-ES, rel. Min. Teori Albino Zavascki, *DJU* de 19.9.2005, e *Revista Forum de Direito Tributário*, Belo Horizonte, Forum, setembro-outubro/2005, p. 236.

60 RESPONSABILIDADE PESSOAL DO AGENTE PÚBLICO

em aberto. O pior, em tais casos, é que os contribuintes só tomaram conhecimento do problema quando foram citados em execuções fiscais. E então, depois de comprovarem junto à Justiça Federal que haviam feito os pagamentos, eram encaminhados à Procuradoria da Fazenda, e por esta à Receita Federal, que a final indicava ser necessário um novo pagamento.

Em tais casos, o mais grave é que recusavam ao contribuinte interessado o direito à restituição do valor *indevidamente* pago. Explicavam, cheios de razão, que o pagamento se dera há mais de cinco anos e o direito à restituição estava extinto pela prescrição.

Nos referidos casos, a rigor, não ocorreram pagamentos indevidos. Os pagamentos correspondiam, todos eles, a débitos dos contribuintes. O que houve de fato foi erro no procedimento de pagamento, que não se confunde com pagamento indevido. E o erro no procedimento seria corrigido mediante simples registro no sistema informatizado, sem qualquer exigência, se a Fazenda Pública tivesse o mais mínimo respeito pelos direitos dos contribuintes.

Insista-se em deixar claro que a certidão negativa de débito tributário apenas indica não existir crédito tributário regularmente constituído contra o interessado, com prazo para pagamento já esgotado. Por isto mesmo não pode ser negada se não existe lançamento. Neste sentido tem se manifestado, com inteira razão, o Superior Tribunal de Justiça.[24]

6.6 Recusa de certidão positiva que tem efeito de negativa

A lei que autoriza a exigência de quitação de tributos em certas situações certamente não exclui, nem poderia excluir, direitos do contribuinte, como o de não ser compelido a pagar antes do vencimento e o de questionar exigências tributárias ilegais. Assim, a norma do art. 206 do Código Tributário Nacional cuidou de estabelecer uma fórmula para conciliar a exigência válida de certidão de quitação com os direitos do contribuinte cujo exercício pode gerar situações de impasse.

Não obstante vigente desde os anos 1960, essa norma, infelizmente, ainda não alcançou inteiramente sua finalidade de superar o conflito entre a proteção legalmente dispensada ao crédito tributário, mediante a exigência de certidão negativa de débitos tributários em certas situações,

24. STJ, 2ª Turma, REsp 831.975-SP, rel. Min. Castro Meira, j. 7.10.2008, *Revista Dialética de Direito Tributário*, São Paulo, Dialética, janeiro/2009, n. 160, pp. 195-196.

RESPONSABILIDADE PESSOAL DO AGENTE PÚBLICO   61

e os direitos do contribuinte, entre os quais o de não ser compelido a antecipar pagamentos, e o de defender-se em face de exigências tributárias indevidas. É que, não raramente, autoridade a quem cabe exigir certidão negativa não aceita como tal a denominada certidão positiva com efeito de negativa.

Realmente, muitas vezes acontece a recusa de certidão positiva com efeito de negativa por absoluta falta de esclarecimentos do agente público ao qual cabe exigir a certidão negativa. Excessivamente apegado à letra da lei, ele argumenta que esta exige certidão negativa, não lhe sendo permitido aceitar, em lugar desta, uma certidão positiva, seja quais forem os efeitos que esta possa ter.

Diante de tais situações, o contribuinte prejudicado insurge-se contra a autoridade da Administração Tributária, pretendendo que esta lhe forneça certidão negativa. Sem razão. Tanto que o Superior Tribunal de Justiça tem decidido que:

> A suspensão da exigibilidade do crédito tributário pela moratória não extingue a dívida do contribuinte que, por isso, não pode obter a CND mas, sim, a certidão prevista no art. 206/CTN.[25]

Não só diante da moratória. Diante de qualquer das situações enumeradas no art. 206 do Código Tributário Nacional o contribuinte tem direito à certidão positiva com efeito de negativa. Não à certidão negativa. A final a certidão deve ser correspondente à realidade do fato que na mesma é certificado. Certificar a inexistência de débito tributário quando este existe, ainda que numa das situações indicadas no art. 206, seria certificar falsamente.

Diante da recusa de quem quer que seja de aceitar a certidão positiva com efeito de negativa pode o prejudicado questionar a recusa. Aquele que a pratica é que está agindo ilegalmente.

O art. 206 do Código Tributário Nacional estabelece três hipóteses nas quais a certidão positiva, vale dizer, a certidão da qual conste a existência de débitos tributários, tem os mesmos efeitos da certidão negativa.

A primeira hipótese é aquela em que existem débitos tributários não vencidos. Como a exigência da certidão negativa tem por finalidade

---

25. STJ, 2ª Turma, REsp 88.786-SP, v.u., rel. Min. Peçanha Martins, j. 3.3.1998, *DJU* 1 de 1.6.1998, p. 59, e *Repertório IOB Jurisprudência* 15/98, c 1 p. 352, texto n. 1/12503.

62 RESPONSABILIDADE PESSOAL DO AGENTE PÚBLICO

compelir o interessado a pagar os tributos devidos, sua exigência nessa hipótese implicaria compelir o contribuinte a fazer o pagamento de suas dívidas tributárias antes do correspondente vencimento. Seria uma negação do direito do contribuinte de utilizar por inteiro o prazo do qual dispõe para pagar.

A segunda hipótese é aquela na qual existe débito tributário que está sendo objeto de cobrança executiva na qual tenha sido efetivada a penhora de bens do executado. Nesta hipótese existem duas razões para que a certidão positiva tenha efeito de negativa. Primeira razão é a de que estando o débito garantido pela penhora de bens do executado a exigência de certidão negativa deixa de ter finalidade, ou pelo menos deixa de ter a finalidade de compelir o devedor a fazer o pagamento. Segunda razão é a de que exigir a certidão negativa, mesmo estando o crédito tributário garantido pela penhora, seria excluir o direito do executado de embargar, exercitando o seu direito de defender-se contra cobrança indevida.

A terceira hipótese é aquela, mais abrangente, na qual o crédito tributário existe, mas está com sua exigibilidade suspensa. As causas de suspensão da exigibilidade do crédito tributário estão indicadas no art. 151 do Código Tributário Nacional.

Em qualquer dos casos nos quais a certidão positiva tem os mesmos efeitos da certidão negativa, e tanto a recusa de fornecimento desta pelo agente administrativo, como a não aceitação daquela certidão como certidão negativa, constituem ilegalidades e assim, o agente administrativo responde pelos danos decorrentes.

6.7 Exigência de certidões negativas nos casos dos precatórios

Situação peculiar entre os casos de exigência de certidões negativas é o que ocorre nos pagamentos de precatórios.

O art. 19, da Lei 11.033, de 21.12.2004, estabelecia que o levantamento ou a autorização para depósito em conta bancária de valores decorrentes de precatório judicial somente poderia ocorrer mediante a apresentação ao juízo de certidão negativa de tributos federais, estaduais, municipais, bem como de certidão de regularidade para com a Seguridade Social, o Fundo de Garantia do Tempo de Serviço-FGTS e a Dívida Ativa da União, depois de ouvida a Fazenda Pública.

A Corte Especial do Tribunal Regional Federal da 4ª Região decidiu, por maioria, declarar a inconstitucionalidade do art. 19, da Lei 11.033/2004, em julgado que tem a seguinte ementa:

RESPONSABILIDADE PESSOAL DO AGENTE PÚBLICO   63

Arguição de Inconstitucionalidade – Art. 19 da Lei n. 11.033/2004 – Violação ao art. 100 da Constituição, à garantia pétrea do respeito à coisa julgada e aos princípios da proporcionalidade e da razoabilidade.

1. O art. 19 da Lei n. 11.033, de 21 de dezembro de 2004, ao condicionar o levantamento de valores de precatório judicial, ou a autorização para seu depósito em conta bancária, à apresentação de certidão negativa de tributos federais, estaduais, municipais, e certidão de regularidade para com a Seguridade Social, o Fundo de Garantia do Tempo de Serviço-FGTS e a Dívida Ativa da União, padece de inconstitucionalidade por ofensa ao art. 100 da Constituição de 1988 e aos princípios do *devido processo legal*, da *razoabilidade* e da *proporcionalidade*.

2. O art. 100 da Constituição regula exaustivamente o pagamento por precatório, estabelecendo (§ 1º) a obrigatoriedade da inclusão da verba necessária no orçamento das entidades de direito público e sua consignação (§ 2º) diretamente ao Poder Judiciário, cabendo ao Presidente do Tribunal que proferir a decisão exequenda *determinar o pagamento segundo as possibilidades do depósito*, não restando espaço para que o legislador ordinário crie quaisquer restrições ao cumprimento dessa ordem. Tais restrições, em derradeira análise, acabam por violar a *coisa julgada*, cuja efetividade é protegida pelo art. 100 da Constituição.

3. As restrições criadas pelo art. 19 da Lei n. 11.033/2004 violam o princípio da proporcionalidade porque são *desnecessárias* ao atingimento de seus fins, uma vez que a Fazenda já detém suficientes instrumentos de garantia de seus créditos, entre os quais a compensação, o arresto e a penhora, o arrolamento de bens e a medida cautelar fiscal, além de ser desarrazoado exigir do credor que prove à Fazenda que nada lhe deve, através de certidões que devem ser expedidas pela própria Fazenda.

4. Fere o princípio do devido processo legal condicionar a realização do direito do credor, já consagrado por decisão judicial trânsita em julgado, após o trâmite de processo em que foram observados o contraditório e a ampla defesa, a formalidades destinadas a proteger créditos fazendários *não submetidos a igual procedimento*.[26]

Como se vê, o Tribunal Regional Federal da 4º Região entendeu ser inconstitucional o art. 19, da Lei n. 11.033/2004, porque: a) contraria o art. 100 da CF/88 ao formular exigências nele não contidas; b) ofende a coisa julgada, cuja efetividade é protegida pelo mesmo dispositivo constitucional; c) viola o princípio da proporcionalidade porque formula exigências *desnecessárias* à proteção dos créditos da Fazenda que já detém suficientes instrumentos de garantia; d) ofende o princípio da ra-

26. TRF da 4ª Região, Corte Especial, AI n. 2005.04.01.017909-2-RS, m.v., *DJU* 2 de 12.4.2006, p. 88.

64 RESPONSABILIDADE PESSOAL DO AGENTE PÚBLICO

zoabilidade, ao exigir do credor que prove à Fazenda que nada lhe deve, através de certidões que devem ser expedidas pela própria Fazenda; e finalmente, e) fere o princípio do devido processo legal quando condiciona a realização do direito do credor, já consagrado por decisão judicial trânsita em julgado, após o trâmite de processo em que foram observados o contraditório e a ampla defesa, a formalidades destinadas a proteger créditos fazendários *não submetidos a igual procedimento*.

O Tribunal Regional Federal da 5ª Região também declarou a inconstitucionalidade do mesmo art. 19 da Lei n. 11.033/04, em julgado que tem a seguinte ementa:

> *Constitucional. Processual Civil. Administrativo. Arguição de inconstitucionalidade em Mandado de Segurança. Exigência de regularidade junto à fazenda pública. Precatório. Art. 19 da Lei n. 11.033/2004.*
>
> – O art. 100 da Constituição Federal exauriu o disciplinamento dos precatórios judiciais, sendo expresso ao remeter ponto específico da matéria à regulamentação por lei ordinária. Daí porque quaisquer incrementos nesse tocante, sobretudo os que imponham restrições aos direitos decorrentes do texto constitucional, só podem vir ao mundo jurídico através de emendas constitucionais.
>
> – Os fundamentos jurídicos que deram ensejo às Súmulas de n. 70, 323 e 547 do STF encaixam-se perfeitamente à hipótese, em que a sanção política não se materializa no estorvamento à mercancia, mas na perda da efetividade da prestação jurisdicional.
>
> – O art. 19 da Lei n. 11.033/2004 rivaliza-se com os princípios constitucionais do amplo acesso à Justiça e da independência e harmonia entre os Poderes da República à medida que as exigências ali previstas findam por criar duas classes de jurisdicionados, para uma das quais, sem que se assegure o contraditório e a ampla defesa, restam destituídas de efetividade as prestações jurisdicionais que condenam em obrigação de pagar a fazenda pública.
>
> – Desborda das balizas da razoabilidade exigir-se certidões de regularidade de entes estatais desvinculados da Fazenda Pública contra a qual se emitiu ordem de pagamento.
>
> – Segue possível a cobrança dos créditos públicos através de execuções próprias no bojo das quais se pode reivindicar a penhora, inclusive, de valores constantes de precatórios judiciais.
>
> – Reconhecimento da inconstitucionalidade do art. 19 da Lei n. 11.033/2004, que estatuiu novas exigências à liberação dos depósitos oriundos de precatórios judiciais.
>
> – Acolhimento da arguição de inconstitucionalidade.[27]

27. AI no MSPL n. 91.364-CE, rel. Des. Federal César Carvalho, j. 15.3.2006.

RESPONSABILIDADE PESSOAL DO AGENTE PÚBLICO   65

Como se vê, o Tribunal Regional Federal da 5ª Região declarou a inconstitucionalidade do art. 19, da Lei 11.033/2004, entendendo que esse dispositivo legal: a) ofende o art. 100, da Constituição Federal, ao formular exigências nele não contidas; b) consubstancia sanção política configurando hipótese idêntica às que deram lugar às Súmulas 70, 323 e 547 da jurisprudência do STF; c) rivaliza-se com os princípios constitucionais do amplo acesso à Justiça e da harmonia e independência entre os poderes da República, à medida que as exigências nele previstas findam por criar duas classes de jurisdicionados, para uma das quais, sem que se assegure o contraditório e a ampla defesa, restam destituídas de efetividade as prestações jurisdicionais que condenam a Fazenda Pública em obrigação de pagar.

Finalmente, em 30.11.2006 o STF, no julgamento da ADI 3.453-DF (rela. Min. Cármen Lúcia, *DJU* 16.3.2007), decidiu:

> *Ação Direta de Inconstitucionalidade. Precatórios. Art. 19 da Lei Nacional n. 11.033, de 21 de dezembro de 2004. Afronta aos arts. 5º, inc. XXXVI, e 100 da Constituição da República.* 1. O art. 19 da Lei n. 11.033/04 impõe condições para o levantamento dos valores do precatório devido pela Fazenda Pública. 2. A norma infraconstitucional estatuiu condição para a satisfação do direito do jurisdicionado – constitucionalmente garantido – que não se contém na norma fundamental da República. 3. A matéria relativa a precatórios não chama a atuação do legislador infraconstitucional, menos ainda para impor restrições que não se coadunam com o direito à efetividade da jurisdição e o respeito à coisa julgada. 4. O condicionamento do levantamento do que é devido por força de decisão judicial ou de autorização para o depósito em conta bancária de valores decorrentes de precatório judicial, estabelecido pela norma questionada, agrava o que vem estatuído como dever da Fazenda Pública em face de obrigação que se tenha reconhecido judicialmente em razão e nas condições estabelecidas pelo Poder Judiciário, não se mesclando, confundindo ou, menos ainda, frustrando pela existência paralela de débitos de outra fonte e natureza que, eventualmente, o jurisdicionado tenha com a Fazenda Pública. 5. Entendimento contrário avilta o princípio da separação de poderes e, a um só tempo, restringe o vigor e a eficácia das decisões judiciais ou da satisfação a elas devida. 6. Os requisitos definidos para a satisfação dos precatórios somente podem ser fixados pela Constituição, a saber: a requisição do pagamento pelo Presidente do Tribunal que tenha proferido a decisão; a inclusão, no orçamento das entidades políticas, das verbas necessárias ao pagamento de precatórios apresentados até 1º de julho de cada ano; o pagamento atualizado até o final do exercício seguinte ao da apresentação dos precatórios, observada a ordem cronológica de sua apresentação. 7. A determinação de condicionantes e requisitos

66 RESPONSABILIDADE PESSOAL DO AGENTE PÚBLICO

para o levantamento ou a autorização para depósito em conta bancária de valores decorrentes de precatórios judiciais, que não aqueles constantes de norma constitucional, ofende os princípios da garantia da jurisdição efetiva (art. 5º, inc. XXXVI) e o art. 100 e seus incisos, não podendo ser tida como válida a norma que, ao fixar novos requisitos, embaraça o levantamento dos precatórios. 8. Ação Direta de Inconstitucionalidade julgada procedente.

Não tínhamos dúvida de que o dispositivo legal em questão era realmente de flagrante inconstitucionalidade. As disposições do art. 100 poderiam, em tese, ser superadas por emenda constitucional que viesse a alterar aquele dispositivo, incluindo entre as exigências ali previstas a apresentação das certidões em referência. A violação da coisa julgada, por seu turno, é ofensa que diz respeito apenas aos casos julgados antes do início da vigência do questionado dispositivo, sendo a inconstitucionalidade, portanto, de natureza transitória.

Eram, todavia, evidentes e insuperáveis os conflitos entre o dispositivo em tela e os princípios constitucionais. Tanto com os princípios da proporcionalidade e da razoabilidade, que podem ser vistos sob diversos ângulos, com desdobramentos que podem ser apontados com terminologia diversa, como se vê nos julgados acima transcritos, como com o princípio do livre acesso à Justiça, ou da garantia da Jurisdição.

Esclarecemos que a situação do agente público que exige a certidão negativa como condição para o pagamento de precatórios é peculiar porque, em primeiro lugar, trata-se de agente público que não se enquadra na espécie agente administrativo, e em segundo lugar porque esse agente, ao formular tal exigência, estaria cumprindo a lei, que expressamente a estabelecia. Por tais razões, se entendermos que o agente público é obrigado a cumprir a lei, mesmo que esta seja inconstitucional, teremos de concluir que este não terá responsabilidade pessoal pelos danos decorrentes de tal exigência.

6.8 Recusa de autorização para impressão de notas fiscais

A utilização de meios indiretos para compelir o contribuinte ao pagamento de tributos, devidos ou não, é prática antiga, não obstante seja pacífica a jurisprudência que afirma a falta de amparo jurídico para a imposição do que se tem denominado sanções políticas. É inescondível a prática reiterada, em todos os níveis, dessa atitude abusiva, a demonstrar que as autoridades da Fazenda Pública não têm o mínimo respeito pelo entendimento do Poder Judiciário.

RESPONSABILIDADE PESSOAL DO AGENTE PÚBLICO 67

Especificamente sobre o ponto que vamos abordar existem, infelizmente, decisões judiciais que apoiam o procedimento fazendário. Entre elas as proferidas pelo Tribunal de Justiça do Rio Grande do Sul e pelo Tribunal de Justiça de Santa Catarina, que ensejaram recursos para o Superior Tribunal de Justiça e para o Supremo Tribunal Federal, que serão referidos neste estudo, ambos conhecidos e providos, com a definição do entendimento desses tribunais superiores no sentido da invalidade jurídica desse procedimento fazendário. Entretanto, com ou sem apoio em dispositivos da lei tributária, vem se generalizando em todo o País, em todos os níveis, essa prática arbitrária. Daí porque é grande a importância do tema, que vamos neste estudo examinar, à luz da garantia constitucional da livre iniciativa econômica.

Começaremos examinando a garantia constitucional da livre iniciativa econômica, para deixarmos claro que o direito de exercer qualquer atividade econômica é independente do dever de efetuar o pagamento dos tributos, até porque a Fazenda Pública dispõe de meios para a cobrança de seus créditos e que não se justifica substituir esses meios pela imposição de sanções políticas, entre elas a proibição de impressão de blocos de notas fiscais, como forma de compelir o contribuinte a pagar o tributo, devido ou não, para poder exercitar sua atividade. Depois examinaremos em que consiste essa forma de sanção política, para demonstrar que sua aplicação não atende ao interesse do fisco de manter sob controle a prática de fatos geradores de tributo para ensejar a cobrança dos tributos correspondentes, e por outro lado inviabiliza inteiramente a atividade do contribuinte. Demonstraremos a seguir que essa prática contraria a jurisprudência firmada pelos tribunais superiores e não se harmoniza com o princípio da razoabilidade. Finalmente, indicaremos o caminho a ser trilhado pelo contribuinte para o controle eficaz do arbítrio praticado pelos agentes públicos na relação tributária.

A vigente Constituição Federal estabelece expressamente que

é livre o exercício de qualquer trabalho, ofício ou profissão, atendidas as qualificações profissionais que a lei estabelecer.[28]

E diz ainda que:

28. CF, art. 5º, inciso XIII.

68 RESPONSABILIDADE PESSOAL DO AGENTE PÚBLICO

É a todos assegurado o livre exercício de qualquer atividade econômica, independentemente de autorização de órgãos públicos, salvo nos casos previstos em lei.[29]

Como se vê, o livre exercício de qualquer profissão, ou atividade econômica, é uma garantia constitucional que não depende do pagamento dos tributos eventualmente devidos. É certo que a norma constitucional que garante a liberdade de exercício da atividade econômica, acima transcrita, ressalva os casos previstos em lei. Isto, porém, não quer dizer que a lei possa condicionar o exercício da atividade econômica ao pontual pagamento dos tributos. Se pudesse, poderia anular inteiramente a garantia constitucional porque a inscrição no cadastro de contribuintes funcionaria como autorização para o exercício da atividade. O sentido da ressalva é outro. Por isto mesmo é que ao nos reportarmos às garantias asseguradas no art. 5º, inciso XIII, e no art. 170, parágrafo único, da vigente Constituição Federal, afirmamos:

No primeiro desses dispositivos consagra-se a liberdade de exercício profissional, e a única exigência possível, como condição para tal exercício, diz respeito à capacitação profissional. Assim, por exemplo, para exercer a atividade de médico, ou de advogado, é válida a exigência do diploma universitário, que atesta a respectiva capacidade profissional.

No segundo consagrada está a liberdade de exercício de atividade econômica. Mais ampla, tanto que não comporta exigência nenhuma, nem mesmo de capacitação, seja de que natureza for. A ressalva contida no final do dispositivo na verdade diz respeito a certas atividades que, por questão de segurança, ficam a depender da autorização estatal, como acontece, por exemplo, com o fabrico e comercialização de determinadas armas e munições. Obviamente não seria razoável admitir-se a produção, ou o comércio, de metralhadoras, por exemplo, sem autorização e controle do Estado.[30]

A regra, portanto, é a liberdade para o exercício da atividade, seja profissional ou econômica. Em relação a esta última a exceção é a dependência desse exercício de autorização governamental, que só é cabível em certos casos por razões de segurança ou de saúde pública, por exemplo. Já em relação à primeira, a única restrição possível é a exigência de capacitação profissional. É absolutamente inadmissível, em qualquer desses casos, colocar o pronto pagamento de tributos como condição para

29. CF, art. 170, parágrafo único.
30. Hugo de Brito Machado, "Sanções políticas no Direito Tributário", *Revista* cit., março/1998, n. 30, p. 47.

RESPONSABILIDADE PESSOAL DO AGENTE PÚBLICO 69

o exercício de atividade econômica, até porque a Fazenda Pública dispõe dos instrumentos jurídicos para constituir e cobrar o crédito tributário, de forma compatível com o direito de defesa do contribuinte contra eventuais exigências ilegais.

Realmente, nossa ordem jurídica atribui à Fazenda Pública o direito potestativo, ou o poder-dever como preferem alguns, de criar o seu próprio título executivo. A Fazenda pode, com ou sem a colaboração do contribuinte, e mesmo contra a vontade deste, constituir o crédito tributário, pelo lançamento, e em seguida inscrever esse crédito em Dívida Ativa, e elaborar a certidão dessa inscrição, que consubstancia título executivo extrajudicial.

Com esse título executivo extrajudicial, por ela própria elaborado, a Fazenda Pública pode promover a ação judicial de cobrança de seu crédito, ação de execução fiscal ou simplesmente executivo fiscal, instaurando o processo no qual o Judiciário realiza a expropriação de bens do devedor para o pagamento do crédito fazendário.

Algumas autoridades fazendárias pretendem justificar o uso das sanções políticas como instrumento de cobrança do tributo por entenderem que o Judiciário é muito formalista e por isto mesmo muito lento. Seria necessário instrumento mais ágil. Preconizam a instituição da execução administrativa, com a qual a Fazenda deixaria de utilizar as sanções anômalas ou formas indiretas de execução fiscal. Nem a lentidão do Judiciário justifica tal pretensão, nem ninguém pode assegurar que mesmo admitida a execução fiscal administrativa a Fazenda deixaria de utilizar as sanções políticas.

Seja como for, de nenhum modo se pode justificar o uso dos meios indiretos de cobrança, como é o caso da proibição de imprimir notas fiscais, que constitui uma forma evidente de dificultar o cumprimento de um dever jurídico, vale dizer, o cumprimento de obrigação acessória da maior importância para a atividade de fiscalização tributária.

Feitas estas considerações, vejamos a questão da proibição de imprimir notas fiscais, começando pelo dever de emitir esse documento.

Nota fiscal é um documento exigido pela legislação tributária. Sobre ele registram Igor Tenório e Carlos dos Santos Almeida:

> Toda vez que ocorre saída do estabelecimento produtor ou comercial de produto sujeito aos impostos IPI e ICMS, é obrigatória a emissão de Nota Fiscal, documento impresso conforme modelo aprovado pelas autoridades

70 RESPONSABILIDADE PESSOAL DO AGENTE PÚBLICO

competentes. Contém seu número de série e identifica o emitente, o transportador e o adquirente, discriminando a natureza da operação, data da emissão e de saída do produto, relaciona o produto com todos os elementos característicos, e classifica-o (no caso do IPI), mencionando seu valor e do imposto.[31]

A finalidade essencial da nota fiscal é documentar a operação de circulação das mercadorias ou produtos, especialmente no que diz respeito ao trânsito destes entre o estabelecimento vendedor e o comprador. Não obstante, a legislação tributária atualmente o exige também para as prestações de serviços. Assim, pode-se dizer que a nota fiscal é hoje um documento absolutamente indispensável a todos os que exercem qualquer atividade econômica.

A emissão de nota fiscal é um dever jurídico do contribuinte. Na linguagem mais comum na legislação tributária diz-se que a emissão de nota fiscal constitui uma obrigação tributária acessória, imposta ao contribuinte como instrumento de controle do cumprimento, por este, da obrigação tributária principal, vale dizer, o pagamento do tributo. Por outro lado, como diz respeito aos atos essenciais das atividades econômicas – vendas ou prestações de serviços – é um documento absolutamente indispensável ao exercício dessas atividades. Assim, a proibição ao contribuinte que esteja em débito para com a Fazenda, de mandar imprimir blocos de notas fiscais, implica necessariamente a proibição de exercer sua atividade, ou a imposição de exercê-la sem o cumprimento de obrigação tributária acessória, vale dizer, sem a emissão da nota fiscal.

Ressalte-se que a proibição ao contribuinte que esteja em débito para com a Fazenda, de mandar imprimir blocos de notas fiscais, não diz respeito ao controle das operações tributáveis.

A impressão de blocos de notas fiscais somente pode ser feita por estabelecimento gráfico para tal fim credenciado pela repartição fiscal competente. Além disto, as notas fiscais são submetidas à autenticação e, em alguns Estados, recebem até um selo de controle, tudo isto no sentido de garantir a autenticidade desses documentos. O número de blocos cuja impressão é autorizada, em cada caso, é sempre limitado pela autoridade fazendária. E com o desenvolvimento dos instrumentos eletrônicos pretendem as autoridades a completa substituição das notas fiscais de papel por notas fiscais eletrônicas, o que demonstra a importância desse documento para o controle do pagamento de tributos.

31. Igor Tenório e Carlos dos Santos Almeida, *Dicionário de Direito Tributário*, São Paulo, Thomson/IOb, 2004, p. 624.

RESPONSABILIDADE PESSOAL DO AGENTE PÚBLICO   71

A proibição de que estamos cogitando, todavia, nada tem a ver com questões relacionadas com o controle de fatos tributáveis, no interesse da arrecadação de tributos. É, simplesmente, uma forma de impedir o contribuinte de exercer suas atividades para, dessa forma, obrigá-lo ao pagamento de tributos, sejam legalmente devidos ou não.

Realmente, a proibição de mandar imprimir blocos de notas fiscais tem sido imposta pelo fato de estar o contribuinte em débito. Não há dúvida, portanto, de que a sua finalidade é compelir o contribuinte a fazer o pagamento, para que possa exercer sua atividade normal. A proibição funciona como meio indireto de cobrança e por isto mesmo entra em conflito com a garantia constitucional da livre iniciativa econômica. É o que está expresso, com inteira propriedade, no voto do Ministro Marco Aurélio em julgado que adiante vamos referir:

> Nota-se a tomada de empréstimo de meio coercitivo, objetivando a satisfação de débito tributário. Em síntese, a legislação local submete o contribuinte à exceção de emitir notas fiscais individualizadas, quando em débito para com o fisco. Entendo conflitante com a Carta da República o procedimento adotado. A Fazenda há de procurar o Judiciário visando à cobrança, via executivo fiscal, do que devido, mostrando-se impertinente recorrer a métodos que acabem inviabilizando a própria atividade econômica, como é o relativo à proibição de as empresas em débito, no tocando a obrigações, principal e acessórias, vir a emitir documentos considerados como incluídos no gênero fiscal. Imagine-se o que implica, a cada negócio jurídico, ter-se de requerer à repartição fazendária competente a emissão de nota fiscal avulsa. A regência local da matéria abrange previsão incompatível com a ordem natural das coisas, com o princípio constante do parágrafo único do art. 170 da Carta da República, segundo o qual é assegurado a todos o livre exercício de qualquer atividade econômica. Repita-se: na dinâmica da própria atividade desenvolvida, fica inviabilizada a atuação, se aquele que a implementa necessita, caso a caso, de recorrer ao fisco, para a obtenção de nota fiscal avulsa. Em Direito, o meio justifica ao fim, mas não este, àquele. Recorra a Fazenda aos meios adequados à liquidação dos débitos que os contribuintes tenham, abandonando a prática de fazer justiça pelas próprias mãos, como acaba por ocorrer, levando a empresa ao caos, quando inviabilizada a confecção de blocos de notas fiscais.[32]

É da maior evidência que a atividade da empresa restará inteiramente inviabilizada se toda vez que efetuar uma venda tiver de requerer à repartição fazendária competente a emissão de uma nota fiscal avulsa.

32. Voto do Min. Marco Aurélio, relator, no RE 413.782-8-SC (j. 17.3.2005).

72 RESPONSABILIDADE PESSOAL DO AGENTE PÚBLICO

A finalidade da proibição de mandar imprimir blocos de notas fiscais é, sem dúvida nenhuma, compelir a empresa que esteja em débito para com o Fisco a fazer o correspondente pagamento. É uma forma indireta de execução, portanto.

A jurisprudência há muito se tem manifestado no sentido de que

Não é lícito a autoridade proibir que o contribuinte em débito adquira estampilhas, despache mercadorias nas alfândegas e exerça suas atividades profissionais.[33]

Sem qualquer respeito pelas manifestações do Judiciário, todavia, as autoridades fazendárias insistem na utilização das denominadas *sanções políticas* como instrumento de cobrança. É uma prática reiterada, que a cada dia ganha novas formas e se faz mais intensa, não obstante seja flagrantemente inconstitucional, como já tivemos oportunidade de demonstrar.[34]

A propósito do tema e confirmando entendimento já fixado, manifestou-se o Superior Tribunal de Justiça em julgado exemplar, que porta a seguinte ementa:

Processual Civil. Tributário. Recurso Especial. ICMS. Mandado de Segurança. Aferição de liquidez e certeza do Direito. Súmula n. 07/STJ. Autorização para emissão de talonário de notas fiscais. Existência de débitos com a Fazenda Pública. Princípio do livre exercício da atividade econômica. Artigo 170, parágrafo único, da Constituição Federal. Súmula n. 547 do STF. Matéria constitucional. Norma local. Ressalva do entendimento do relator.

1. A aferição da existência de direito líquido e certo demanda indispensável reapreciação do conjunto probatório existente no processo, o que é vedado em sede de recurso especial em virtude do preceituado na Súmula 07/STJ.

2. O Poder Público atua com desvio de poder negando ao comerciante em débito de tributos a autorização para impressão de documentos fiscais, necessários ao livre exercício das suas atividades (artigo 170, parágrafo único, da Carta Magna).

3. A sanção que por via obliqua objetive o pagamento de tributo, gerando a restrição ao direito de livre comércio, é coibida pelos Tribunais Supe-

33. STF, Súmula n. 547.
34. Hugo de Brito Machado, "Sanções políticas no Direito Tributário", *Revista Dialética de Direito Tributário*, São Paulo, Dialética, março/1998, n. 30, pp. 46-49.

RESPONSABILIDADE PESSOAL DO AGENTE PÚBLICO 73

riores através de inúmeros verbetes sumulares, a saber: a) "é inadmissível a interdição de estabelecimento como meio coercitivo para cobrança de tributo" (Súmula n. 70/STF); b) "é inadmissível a apreensão de mercadorias como meio coercitivo para pagamento de tributos" (Súmula n. 323/STF); c) "não é lícito a autoridade proibir que o contribuinte em débito adquira estampilhas, despache mercadorias nas alfândegas e exerça suas atividades profissionais" (Súmula 547/STF); e d) "É ilegal condicionar a renovação da licença de veículo ao pagamento de multa, da qual o infrator não foi notificado" (Súmula n. 127/STJ).

4. É defeso à administração impedir ou cercear a atividade profissional do contribuinte, para compeli-lo ao pagamento de débito, uma vez que este procedimento redunda no bloqueio de atividades lícitas, mercê de representar hipótese de autotutela, medida excepcional ante o monopólio da jurisdição nas mãos do Estado-Juiz.

5. Recurso especial conhecido e provido.[35]

Também no Supremo Tribunal Federal firmou-se a jurisprudência no sentido de que não é lícita a proibição de imprimir notas fiscais ao contribuinte em débito. E tal jurisprudência é da maior importância porque a final trata-se de uma questão constitucional. Mesmo que a lei ordinária o determine, a proibição será desprovida de validade jurídica em face da inconstitucionalidade da lei. O Supremo Tribunal Federal já o disse, em julgado que porta a seguinte ementa:

> *Débito Fiscal – Impressão de Notas Fiscais – Proibição – Insubsistência.*
>
> Surge conflitante com a Carta da República legislação estadual que proíbe a impressão de notas fiscais em bloco, subordinando o contribuinte, quando este se encontra em débito para com o fisco, ao requerimento de expedição, negócio a negócio, de nota fiscal avulsa.[36]

Ressalte-se que nesse julgado, proferido por maioria de votos, ficou vencido apenas o Ministro Eros Grau, sustentando:

> No meu modo de ver, não há, absolutamente, no caso, restrição ao exercício da atividade mercantil. Não posso dar uma interpretação ao prin-

---

35. STJ, 1ª Turma, REsp 793.331-RS, rel. Min. Luiz Fux, j. 6.2.2007, *DJU* de 1.3.2007, p. 239.

36. STF, Pleno, RE 413.782-8-SC, rel. Min. Marco Aurélio, j. 17.32005, *DJU* de 3.6.2005, p. 4 e *Revista Dialética de Direito Tributário* 120/222.

74 RESPONSABILIDADE PESSOAL DO AGENTE PÚBLICO

cípio da liberdade de iniciativa econômica de modo a permitir que a ordem jurídico-tributária não seja rigorosamente atendida.[37]

O livre exercício da atividade econômica, no entendimento do Min. Eros Grau, só estaria assegurado aos que paguem regularmente os tributos respectivos. Mas restou isolado.

Realmente, os demais Ministros manifestaram-se no sentido oposto. O Min. Marco Aurélio foi incisivo ao afirmar:

> Recorra a Fazenda aos meios adequados à liquidação dos débitos que os contribuintes tenham, abandonando a prática de fazer justiça pelas próprias mãos, como acaba por ocorrer, levando a empresa ao caos, quanto inviabilizada a confecção de blocos de notas fiscais. De há muito, esta Corte pacificou a matéria, retratando o melhor enquadramento constitucional no Verbete n. 547 da Súmula: "Não é lícito à autoridade proibir que o contribuinte em débito adquira estampilhas, despache mercadorias nas alfândegas e exerça suas atividades profissionais".
>
> A lei estadual contraria, portanto, os textos constitucionais evocados, ou seja, a garantia do livre exercício do trabalho, ofício ou profissão – inciso XIII do artigo 5º da Carta da República – e de qualquer atividade econômica – parágrafo único do art. 170 da Constituição Federal.[38]

O Ministro Celso de Mello, em longo e erudito voto, deixou fora de qualquer dúvida que a jurisprudência do Supremo Tribunal Federal está sedimentada no sentido de que são inconstitucionais as restrições impostas em razão do não pagamento de tributo. Vejamos o trecho de seu voto, onde está dito:

> Cabe acentuar, neste ponto, que o Supremo Tribunal Federal, tendo presentes os postulados constitucionais que asseguram a livre prática de atividades econômicas lícitas (CF, art. 170, parágrafo único), de um lado, e a liberdade de exercício profissional (CF, art. 5º, XIII), de outro – e considerando, ainda, que o Poder Público dispõe de meios legítimos que lhe permitem tornar efetivos os créditos tributários –, firmou orientação jurisprudencial, hoje consubstanciada em enunciados sumulares (Súmulas 70, 323 e 547), no sentido de que a imposição, pela autoridade fiscal, de restrições de índole punitiva, quando motivada tal limitação pela mera inadimplência do contribuinte, revela-se contrária às liberdades públicas ora referidas (*RTJ* 125/395, Rel. Min. Octavio Galloti).[39]

37. Voto do Min. Eros Grau, proferido no RE 413.782-8-SC, cit.
38. Do voto proferido pelo Min. Marco Aurélio no RE 413.782-8-SC, cit.
39. Voto proferido plo Min. Celso de Mello no RE 413.782-8-SC, cit.

RESPONSABILIDADE PESSOAL DO AGENTE PÚBLICO

Registre-se que além de ser inconstitucional, por contrariar as garantias do livre exercício do trabalho, ofício ou profissão, e do livre exercício da atividade econômica, a proibição de mandar imprimir blocos de notas fiscais pode ser inconstitucional também por outras razões, como demonstraram os Mins. Nelson Jobim e Gilmar Mendes, no mesmo julgamento.

O Min. Nelson Jobim, no julgamento já mencionado, ressaltou que

o art. 155, § 2º, inciso I, da Constituição refere que o imposto será não cumulativo e autoriza a compensação do débito com as operações anteriores, para evitar a cumulatividade.

E esclareceu que o recolhimento do imposto por ocasião da emissão de cada nota fiscal avulsa tornaria impossível a apuração do valor do ICMS devido em cada período, como ordinariamente é feito no livro próprio da escrita fiscal do contribuinte.

Ao menos quando se trate de atividade sujeita a tributo não cumulativo, é indiscutível que por mais essa razão a proibição ao contribuinte em débito, de imprimir blocos de notas fiscais, deixando-o obrigado a obter nota fiscal avulsa para cada operação, lesiona o dispositivo da Constituição que preconiza a não cumulatividade.

O Ministro Gilmar Mendes, por sua vez, sustentou tratar-se de "uma questão de proporcionalidade mais do que uma questão tributária". Depois de dizer que não entraria na discussão que se estabeleceu entre seus colegas, esclareceu afigurar-se bastante e suficiente a consideração de que o Estado

dispõe de meios outros para efetuar a cobrança e de que a fórmula adotada pelo Estado (...) não passa no teste da proporcionalidade.

Já no sentido da adequação, até poderia haver uma adequação entre meios e fins, mas certamente não passaria no teste da necessidade, porque há outros meios menos invasivos, menos drásticos e adequados para solver a questão.[40]

Essa colocação é da maior importância porque, sem desconsiderar os preceitos de nossa Constituição Federal, coloca o problema em contexto bem mais amplo, vale dizer, no âmbito de uma concepção do moderno constitucionalismo que se projeta na maioria dos países civilizados.

40. Do voto proferido pelo Min. Gilmar Mendes no RE 413.782-SC, cit.

76 RESPONSABILIDADE PESSOAL DO AGENTE PÚBLICO

Estudando o princípio da proporcionalidade, Paulo Bonavides assevera:

Tanto a jurisprudência constitucional em vários países da Europa como os órgãos da Comunidade Europeia, já não vacilam em fazer uso frequente desse princípio. A doutrina, por sua vez, busca consolidá-lo como regra fundamental de apoio e proteção dos direitos fundamentais e de caracterização de um novo Estado de Direito, fazendo assim da proporcionalidade um princípio essencial da Constituição.[41]

Juan Cianciardo estuda o princípio da razoabilidade como sinônimo de proporcionalidade e se refere, adotando a terminologia corrente no direito europeu continental, a três subprincípios ou juízos, a saber: *adequação, necessidade* e *proporcionalidade em sentido estrito*. Em suas palavras:

El primer subprincipio del principio de proporcionalidad es el de proporcionalidad es el de adecuación o idoneidad. Lo primero que se exige de una medida es que tenga un fin. Lo segundo, que sea adecuada para el logro de ese fin. Es decir, que sea capaz de causar su objetivo. El subprincipio de adecuación tiene por finalidad controlar una cosa y otra.[42]

(...)

El juicio de necesidad es, en lo que a la aplicación se refiere, el más controvertido de los tres que forman la máxima de proporcionalidad. Ha sido también llamado "juicio de indispensabilidad". Mediante él se examina se la medida adoptada por el legislador es la menos restringente de las normas iusfundamentales de entre las igualmente eficaces. Se exige, por tanto, la adopción de la "alternativa menos gravosa o restrictiva de los derechos".[43]

(...)

Una vez determinada la adecuación y necesidad de la medida legislativa, resta examinar si es proporcionada *stricto senso*. La definición de este tercer juicio no ofrece disputas en la doctrina y en la jurisprudencia: consiste en establecer si la medida guarda una relación razonable con el fin que se procura alcanzar. Esta coincidencia inicial no evita, por la generalidad del concepto, las disidencias al precisar en qué consiste una "relación razonable". La posición dominante concreta el juicio en balanceo entre las ventajas y las desventajas de la medida.[44]

41. Paulo Bonavides, *Curso de Direito Constitucional*, 32ª ed., Malheiros Editores, São Paulo, 2017, p. 405.
42. Juan Cianciardo, *El Principio de Razonabilidad*, Buenos Aires, Ábaco, 2004, p. 62.
43. Juan Cianciardo, ob. cit., p. 79.
44. Juan Cianciardo, ob. cit., p. 93.

RESPONSABILIDADE PESSOAL DO AGENTE PÚBLICO 77

No âmbito do Direito positivo não há dúvida de que a obediência ao princípio da proporcionalidade é condição de validade dos atos do Estado. Tal entendimento já está consolidado na jurisprudência do Supremo Tribunal Federal. Assim, os atos de repressão aos ilícitos, mesmo quando praticados em atenção a outros princípios constitucionais, devem respeitar o princípio da proporcionalidade. E como ensina Hugo de Brito Machado Segundo:

Isso significa que um ato – normativo ou não –, praticado com o propósito de prestigiar um princípio constitucional, será válido na medida em que, além de atender a outras exigências,[45] for adequado, necessário e proporcional em sentido estrito no atendimento dessa finalidade.

Explicamos.

Será *adequado* o ato que, de fato, conduzir à finalidade anunciada.

Será *necessário* o ato que, além de adequado, for também a maneira *menos gravosa* de se chegar à finalidade buscada. Caso haja outros meios também adequados, e menos gravosos, o ato de cuja validade se cogita será desproporcional por *desnecessidade*.

Finalmente, será *proporcional em sentido estrito* o ato que, além de adequado e necessário, realizar a mais equilibrada ponderação dos valores envolvidos, prestigiando, ou fazendo com que prepondere, aquele que, em prevalecendo, causar menores diminuições na efetividade dos demais.[46-47]

Nenhuma dúvida pode mais haver quanto à inconstitucionalidade da proibição, imposta ao contribuinte em débito para com a Fazenda Pública, de mandar imprimir blocos de notas fiscais. Lamentável, portanto, é que muitas autoridades fazendárias persistam nessa prática ilícita, dando eloquente demonstração do mais absoluto menos prezo pelas manifestações do Judiciário, e em especial pela jurisprudência do Supremo Tribunal Federal. Resta-nos, portanto, apontar um caminho para que os prejudicados possam enfrentar essa prática inconstitucional persistente.

A proibição de mandar imprimir blocos de notas fiscais pode levar à redução ou, mesmo, à paralisação das atividades do contribuinte. Implica, portanto, lucro cessante, que é indenizável por quem lhe tenha dado

45. Além de proporcional, o ato deverá ser editado por órgão competente, revestir-se da forma exigida pelas normas de superior hierarquia etc.
46. Tais aspectos nos parecem suficientes para guiar as conclusões a que chegaremos a seguir. Não é nossa intenção, aqui, alongar o exame do postulado da proporcionalidade. Não seria *adequado,* nem *necessário,* aos fins deste trabalho.
47. Hugo de Brito Machado Segundo, *Contribuições e Federalismo,* São Paulo, Dialética, 2005, pp. 140-141.

78 RESPONSABILIDADE PESSOAL DO AGENTE PÚBLICO

causa. Assim, demonstrada a paralisação ou a redução das atividades, e o consequente lucro cessante, o contribuinte tem indiscutível direito à indenização respectiva.

Em face do que estabelece o art. 37, § 6º, da Constituição Federal, tanto a União, como os Estados e os Municípios respondem pelos danos que seus agentes, nessa qualidade, causem a terceiros. Basta a prova do dano, ou do lucro cessante, e da relação de causa e efeito entre este e a proibição indevida de que se cuida, para que se estabeleça a responsabilidade, que é objetiva, vale dizer, independe de ter havido culpa, ou dolo.

Assim, o contribuinte prejudicado com a proibição de imprimir blocos de notas fiscais deve promover ação de procedimento ordinário contra a entidade que lhe tenha imposto tal proibição. Geralmente o Estado, pois a autorização para impressão de blocos de notas fiscais é geralmente ato da Fazenda Estadual. Mas quando eventualmente se trate de ato de autoridade federal, ou municipal, a ação há de ser contra a União ou contra o Município.

Não nos custa repetir que, em caso de dano causado com culpa ou dolo, existe também a responsabilidade do agente público. Responsabilidade pessoal, que enseja a propositura de ação do prejudicado diretamente contra o agente público causador do dano.

A desvantagem da ação diretamente contra o agente público está na necessidade de demonstração do dolo ou da culpa. No caso da proibição de imprimir blocos de notas fiscais o interessado poderá informar à autoridade administrativa, em requerimento a ela dirigido, que a proibição tem sido considerada inconstitucional, em reiterada jurisprudência, pelo Supremo Tribunal Federal, e, neste caso, o desatendimento do pedido pode configurar imperícia, falta de condições para o desempenho do cargo público, e desta forma ensejar a responsabilidade pessoal do agente público.

As vantagens da ação diretamente contra o agente público consistem, especialmente, no sentimento de responsabilidade que se cria no agente público acionado, que certamente o levará a meditar melhor sobre as consequências de seus atos, e na possibilidade de execução mediante a penhora de bens do promovido, descartando-se o demorado procedimento do precatório.

Há, é certo, quem sustente que não é cabível a ação do prejudicado diretamente contra o agente público. A ação teria de ser promovida sempre contra a entidade pública, cabendo a esta a ação regressiva contra

RESPONSABILIDADE PESSOAL DO AGENTE PÚBLICO 79

seu agente nos casos de culpa ou dolo. E o Supremo Tribunal Federal, que em julgados anteriores admitiu a responsabilidade pessoal do agente público perante o prejudicado, tem decisão mais recente, afirmando que a responsabilidade, tanto civil como administrativa, do agente público, é apenas em face da pessoa jurídica de Direito Público a cujo quadro funcional se vincula.[48] O tema está a merecer, portanto, cuidadoso exame.

A nosso ver o Supremo Tribunal Federal não alterou propriamente a sua jurisprudência. Apenas deixou de fazer explicitamente a distinção entre agente administrativo e agente político. Nos casos em que admitiu a possibilidade de ação do prejudicado diretamente contra o agente público tratava-se de agente administrativo. Já nos casos em que negou tal possibilidade, afirmando que a responsabilidade do agente público é apenas perante a Administração a que serve, tratava-se de agente político. Esta é a conclusão a que chegamos ao analisarmos a jurisprudência da Corte Maior sobre o assunto, e que procuramos demonstrar no artigo "O STF e a responsabilidade do agente público por danos ao contribuinte".[49]

Seja como for, o melhor caminho para enfrentar o arbítrio estatal em casos assim, recomendável aos que se sintam prejudicados com a proibição de imprimir blocos de notas fiscais, ou com a imposição de sanções políticas semelhantes, de ilegalidade ou de inconstitucionalidade evidentes, nos parece ser a propositura de ação contra o agente público, e ao mesmo tempo contra o ente público.

O autor ressaltará na inicial que o réu, pessoa física, não é agente político e sim agente administrativo. Dirá que pretende demonstrar ter havido culpa ou dolo deste. Mas pedirá ao juiz que se considerar que a ação não é cabível contra este acolha o pedido contra o ente público, que responde objetivamente pela indenização pleiteada.

6.9 Indevida apreensão de mercadoria

A apreensão de mercadorias nem sempre é indevida. Há situações nas quais essa apreensão é indiscutivelmente legal, é providência juridicamente válida na defesa dos interesses legítimos do Fisco. Sobre o assunto, aliás, já escrevemos:

48. STF, 1ª Turma, RE 327.904-1-SP, rel. Min. Carlos Brito, j. 15.8.2006, *DJU* de 8.9.2006.
49. Hugo de Brito Machado, "O STF e a responsabilidade do agente público por danos ao contribuinte", *Revista Dialética de Direito Tributário*, São Paulo, Dialética, janeiro/2007, n. 136, pp. 48-55.

80 RESPONSABILIDADE PESSOAL DO AGENTE PÚBLICO

Importante é esclarecer que a apreensão de mercadorias pode ser juridicamente válida. Só é inconstitucional quando se presta como forma de compelir o contribuinte ao pagamento do tributo. É válida, porém, quando se destina a formação de prova do ilícito fiscal.

Se alguém é surpreendido a transportar mercadorias, ou com estas em depósito, sem a necessária nota fiscal, a apreensão das mercadorias é o meio hábil para comprovar o fato. Para comprovar o transporte, ou o depósito da mercadoria sem o documento legalmente exigível. Se, porém, a infração constatada é mera irregularidade do documento fiscal, que não o inutiliza como prova do fato, se pode o fisco lavrar o auto de infração e fazer valer o fato no mesmo afirmado sem necessitar de prova porque o fato da presença física da mercadoria é irrelevante, a apreensão é abusiva e inconstitucional.[50]

Entretanto, em muitas situações nas quais ocorre a apreensão de mercadoria o procedimento é ilegal e abusivo.

É um ato abusivo, sim, a apreensão de mercadoria que está sendo transportada com uma nota fiscal que foi impressa mediante autorização do fisco e contém a descrição correta da mercadoria transportada, permite a identificação do vendedor e do comprador, com os nomes e endereços correspondentes, mas é de modelo diverso do que devia ser utilizado. Ou, ainda, quando na nota fiscal existe uma irregularidade formal outra qualquer, que não impede a utilização desse documento como prova do fato consistente no transporte, ou no depósito, da mercadoria que nele está descrita corretamente.

Um caso expressivo de abuso do fisco, do qual tomamos conhecimento, foi a apreensão de materiais de construção que vinham de outro Estado destinadas a consumidor final, sem o pagamento do denominado diferencial de alíquota do ICMS. Ao passar na cancela na entrada do Estado, o caminhão que transportava material de construção adquirido em outro Estado e se destinava a uma obra de construção civil que estava sendo feita pela própria empresa proprietária do material adquirido em outro Estado – e com certeza não se destinava ao comércio – a mercadoria foi apreendida com o caminhão, porque o motorista não quis pagar o diferencial de alíquota. Nesse caso, a empresa impetrou mandado de segurança, e o juiz deferiu a liminar mandando liberar a o caminhão com o material.

Dias depois, o mesmo motorista, com o mesmo caminhão trazia material idêntico para a mesma obra, Na mesma cancela foi apreendido

50. Hugo de Brito Machado, *Aspectos Fundamentais do ICMS*, 2ª ed., São Paulo, Dialética, 1999, p. 235.

RESPONSABILIDADE PESSOAL DO AGENTE PÚBLICO

pelo mesmo motivo, mas o fiscal disse ao motorista: "vai impetrar mandado de segurança verbal, pois eu não vou fornecer documento nenhum".

Como se vê, atos flagrantemente abusivos são cometidos por agentes do fisco, e, em tais casos, justifica-se, sim, a cobrança de indenização pelos danos causados ao cidadão, cobrança feita diretamente à pessoa do agente fiscal causador do dano.

6.10 Caracterização dos elementos subjetivos dolo e culpa

Não há dúvida de que a responsabilidade do Estado pelos danos causados por seus agentes ao contribuinte independe do elemento subjetivo, vale dizer, independe de dolo ou culpa do agente público, e também não há dúvida de que nos casos de dolo ou culpa do agente o Estado tem direito de cobrar deste, em ação regressiva, a indenização a cujo pagamento tenha sido condenado. O § 6º do art. 37 da Constituição é muito claro neste sentido, e por isto mesmo é que sustentamos que nos casos de dolo ou culpa do agente público o prejudicado pode cobrar a indenização diretamente deste.

Nesse contexto, portanto, é de grande importância sabermos em que consistem o dolo e a culpa, como elementos subjetivos, cuja presença é necessária para gerar a responsabilidade do agente público ou, especificamente, do agente fiscal.

A conduta eivada de culpa ou dolo, capaz de gerar responsabilidade do agente fiscal pelo dano causado ao contribuinte, pode configurar um crime, ou apenas um ilícito não penal. Entre os crimes cujo cometimento pode ensejar a responsabilidade pelo dano causado ao contribuinte podemos citar a concussão e o excesso de exação, definidos no art. 316 e em seu § 1º do Código Penal:

> Art. 316. Exigir, para si ou para outrem, direta ou indiretamente, ainda que fora da função ou antes de assumi-la, mas em razão dela, vantagem indevida. (...)
>
> § 1º. Se o funcionário exige tributo ou contribuição social que sabe ou deveria saber indevido, ou, quando devido, emprega na cobrança meio vexatório ou gravoso, que a lei não autoriza (...).

Diz-se que o crime é doloso, quando a agente quer o resultado ou assume o risco de produzi-lo, e culposo, quando o agente deu causa ao resultado por imprudência, negligência ou imperícia.[51]

---

51. Código Penal, art. 18.

82 RESPONSABILIDADE PESSOAL DO AGENTE PÚBLICO

O dolo é o ânimo de agir de maneira ilícita. Como elemento causador da responsabilidade pessoal do agente fiscal, podemos dizer que age com dolo o agente fiscal que sabe ser ilegal determinada conduta, e mesmo assim adota essa conduta. Já a culpa, como elemento causador da responsabilidade pessoal do agente fiscal, pode ser afirmada quando o agente fiscal, devendo saber que determinada conduta é ilegal, adota essa conduta por imprudência, imperícia ou negligência.

6.11 Ineficácia da norma que define o crime de excesso de exação

Ao estudarmos a responsabilidade pessoal do agente fiscal por danos causados ao contribuinte, em livro no qual sustentamos que a cobrança, pelo contribuinte, da indenização pelos danos sofridos em decorrência de ilegalidades praticadas por agentes fiscais é um caminho válido para a redução das arbitrariedades fiscais, não podemos deixar de ressaltar a ineficácia da regra jurídica que define o crime de excesso de exação.

Na verdade a regra que está no art. 316, § 1º, do Código Penal, definidora do crime de excesso de exação, é indiscutivelmente desprovida de eficácia. A esse respeito, aliás, já escrevemos:

> *Excesso de exação* – É o crime praticado por funcionário público, definido no art. 316, § 1º, do Código Penal, com redação que lhe deu a Lei n. 8.137, de 27 de dezembro de 1990, cujo tipo consiste em exigir tributo que sabe ou deveria saber indevido, ou quando devido empregar na cobrança meio vexatório ou gravoso que a lei não autoriza. Na redação anterior, esse dispositivo legal considerava configurado o tipo se o agente exige o tributo que sabe indevido. Na atual redação, dada pela Lei n. 8.137/90, configura-se o tipo se o agente exige tributo que sabe *ou deveria saber* indevido. Considerando-se que os agentes fiscais têm o dever de conhecer a legislação tributária porque esta é o principal instrumento com o qual trabalham, pode-se dizer que o excesso de exação é um dos crimes mais praticados no país, embora não seja objeto de denúncia. A norma que o define pode ser citada como o mais eloquente exemplo de norma penal desprovida de eficácia. A vítima, o contribuinte, geralmente tem medo de retaliações. Por outro lado, o Ministério Público em princípio é um aliado da autoridade, e tal como esta geralmente prefere defender a sua própria folha de pagamento. Seja como for, certo é que não existem ações penais imputando ao réu o crime de excesso de exação, embora ele ocorra diariamente em diversos pontos do país, especialmente sob a forma que temos denominado *sanções políticas*.[52]

52. Hugo de Brito Machado e Schubert de Farias Machado, *Dicionário de Direito Tributário*, São Paulo, Atlas, 2011, pp. 79-80.

6.12 Dificuldade na identificação do elemento subjetivo

Reconhecemos que, em tese é muito difícil a identificação do dolo ou da culpa como elementos subjetivos necessários à configuração da responsabilidade pessoal do agente público. Entretanto, em face de um caso concreto pode ser diferente. Diante de um caso concreto pode, sim, ser identificado o dolo ou a culpa do agente fiscal na conduta causadora do dano ao contribuinte.

Assim, considerando-se que somente diante de caso concreto é que se pode cogitar de ação do contribuinte, vitima do dano, para pleitear a indenização correspondente, é claro que a dificuldade de identificar o dolo ou a culpa em tese, não é relevante.

7. Argumentos contrários à responsabilidade pessoal do agente administrativo

7.1 Os argumentos antigos de agentes fiscais

A questão da responsabilidade pessoal do agente fiscal por danos ao contribuinte não é nova. Já em texto publicado nos anos 1950, Romeu Azevedo Calimério, Agente Fiscal do Imposto de Consumo, insurgia-se contra a responsabilização pessoal dos agentes fiscais "quando dá causa a prejuízo por má fé, erro grosseiro ou ofensa a disposição literal de lei", prescrita em dispositivos de um projeto de lei do então Deputado Federal Freitas e Castro, do qual foi relator o Deputado Ataliba Nogueira. Em sua contestação, Calimério utilizou os argumentos que podem ser assim resumidos:[53]

1º) Desnecessidade do dispositivo legal em face do disposto no art. 159 do Código Civil [*de 1916; art. 188 do CC 2002*], que já prescrevia àquele tempo tal responsabilidade, da qual apenas se excluíam os magistrados, por força do expressamente estabelecido em seu art. 121.

2º) A responsabilidade civil do atente fiscal, por ato ilícito que pratique no exercício das funções de seu cargo, também é compartilhada pela Fazenda, eis que a regra do Código Civil está conservada e consagrada constitucionalmente, salvo ligeira diferença de redação, pelo art. 194, da Carta Magna de 1946 [*art. 37, § 6º, da CF 1988*].

53. Romeu Azevedo Calimério, "Responsabilidade civil dos agentes do Fisco", *Revista de Estudos Fiscais*, órgão do Centro de Estudos dos Agentes Fiscais do Imposto de Consumo, São Paulo, n. 8, agosto/1950, pp. 301-306.

84 RESPONSABILIDADE PESSOAL DO AGENTE PÚBLICO

3º) A principal consequência do projeto será sobrecarregar, imediata e diretamente, sem que lacuna alguma esteja a exigir, a já grave responsabilidade da Fazenda, por reflexo do exagero a que se quer levar a responsabilidade civil do agente fiscal.

4º) Da insolvência absoluta do agente fiscal, a ser fatalmente provocada pela exorbitância da responsabilidade que lhe querem atribuir, advirá para a Fazenda a impossibilidade material, também absoluta, de recobrar tudo aquilo que irá desembolsar nas ações de indenização.

5º) Além de tudo isto, não será através da sufocação da atividade fiscal que se conseguirá afastar a possibilidade de danos ao contribuinte, pois o fiscal somente autua, representa e notifica, tendo o contribuinte direito de defender-se, devendo o caso ser julgado por funcionários de hierarquia superior que poderão sanar a má-fé, os erros grosseiros e a fraude, que possam ser cometidos pelo agente fiscal.

6º) A atividade de fiscalizar e autuar é exercida com precariedade de meios, em lugares impróprios, sem sossego, na premência de tempo consequente ao excesso de serviço, bem ao contrário do que ocorre com as autoridades superiores que sempre dispõem de condições adequadas para se informarem a respeito das questões, inclusive consultando especialistas, sendo natural e humano que estes últimos descubram nas autuações manifesta improcedência.

Como se vê, tais argumentos são, todos eles, da mais absoluta inconsistência, e apenas se prestam para demonstrar o nível de arbítrio com que atuavam os agentes fiscais. Além disto, são contraditórios, como se passa a demonstrar.

Realmente, a contradição é evidente. Se os dispositivos legais constantes do projeto então em apreciação, que atribuíam responsabilidade pessoal ao agente fiscal, eram desnecessários em face do que já então dispunha o Código Civil e a Constituição Federal (1º argumento), a aprovação daqueles dispositivos não poderia de nenhum modo ter as consequências apontadas como desastrosas (2º, 3º e 4º argumentos).

7.2 O argumento geralmente utilizado

Um dos argumentos quase sempre desenvolvidos contra a responsabilidade pessoal do agente público consiste na insegurança jurídica resultante da imprecisão das normas da legislação tributária, e da frequente alteração destas. Em face da inegável insegurança jurídica que há de enfrentar todos os dias o agente fiscal de tributos, não seria justo responsabilizá-lo pelos erros eventualmente cometidos em sua atividade.

RESPONSABILIDADE PESSOAL DO AGENTE PÚBLICO   85

Ocorre que a legislação tributária não é produzida pelo contribuinte, mas pelo Estado e, em boa parte, pela própria Administração Tributária, que, inclusive, produz, quase sempre, os anteprojetos de leis e de emendas constitucionais, além de produzir uma imensa gama de norma complementares. É menos injusto, portanto, que a insegurança jurídica recaia sobre os seus agentes, do que sobre os contribuintes. Não é razoável, portanto, a sua invocação em favor daqueles, quando a estes não exime de responsabilidade.

É verdade que na relação de tributação geralmente existe grande insegurança jurídica, mas a ela submete-se inteiramente o contribuinte, que está sujeito a pesadas sanções quando deixa de cumprir qualquer das normas que integram a legislação tributária. Não importa se a norma é obscura ou imprecisa, nem se a jurisprudência é divergente. A essa insegurança, portanto, tem de submeter-se também o agente fiscal.

Responsabilizando-se, pessoalmente, o agente fiscal, pelos erros que cometer na aplicação da legislação tributária, ter-se-á uma divisão equitativa dessa insegurança jurídica. Além disto, o agente fiscal dispõe de meios para fugir dessa insegurança, pois pode passar a adotar, em sua atividade, apenas aqueles comportamentos determinados ou autorizados pelas autoridades superiores. Ter-se-á, assim, melhor padronização de comportamentos, do que, com certeza, resultará um certo incremento para a segurança na relação tributária, do qual serão beneficiárias ambas as partes nessa relação.

É sabido que a responsabilidade pessoal não existirá para o agente público que atua em cumprimento a determinação oficial de superior hierárquico, posta em ato administrativo de efeito concreto, ou em ato administrativo de caráter normativo, salvo quando este seja flagrantemente ilegal. Se o ato administrativo em cuja obediência atua o agente administrativo é arbitrário, a responsabilidade será da autoridade que o emitiu, e nos casos em que o arbítrio esteja na própria lei, ainda não declarada inconstitucional em decisão definitiva do Supremo Tribunal Federal, não haverá responsabilidade do agente administrativo que simplesmente a aplica, pois este não pode eximir-se de cumprir a lei alegando a sua inconstitucionalidade.

8. Ausência da responsabilidade pessoal do agente fiscal

A rigor, como o agente administrativo somente assume responsabilidade pessoal pelos danos que causa ao contribuinte quando atua com

86 RESPONSABILIDADE PESSOAL DO AGENTE PÚBLICO

culpa ou dolo, podemos afirmar a ausência da responsabilidade pessoal do agente fiscal, posto que este efetivamente dispõe de meios para afastar essa responsabilidade, bastando que atue sempre em estrita obediência às determinações de seus superiores.

Realmente, o agente fiscal de tributos pode livrar-se da responsabilidade pessoal na sua atuação, fazendo somente o que lhe é determinado ou autorizado por autoridades superiores. Assim, não se pode dizer que agiu com culpa ou dolo, pois simplesmente seguiu as instruções de seus superiores.

Nos casos de dúvida a respeito do que deve fazer em determinada situação, o agente fiscal pode pedir orientação à autoridade superior, à qual esteja subordinado, e assim, agindo com fundamento na orientação recebida, não será pessoalmente responsável por eventual dano que venha a causar ao contribuinte. Essa responsabilidade será da autoridade que lhe deu a orientação, sem prejuízo, é claro, da responsabilidade da Administração Pública, que independe de dolo ou culpa.

Assim, se o agente fiscal, dispondo dos meios para livrar-se da responsabilidade, mesmo assim atua de forma a causar danos ao contribuinte, assume então a responsabilidade pessoal pelos danos que causar ao contribuinte e poderá, por isto, ter contra ele promovida ação cobrando a correspondente indenização.

5.
VANTAGENS DA RESPONSABILIDADE PESSOAL DO AGENTE PÚBLICO

1. Considerações iniciais. 2. Responsabilidade do ente público. 3. Insuficiência da responsabilidade do ente público. 4. A tendência dos juízes. 5. O efeito preventivo da responsabilidade pessoal do agente público. 6. Outros efeitos benéficos da responsabilização pessoal do agente fiscal.

1. Considerações iniciais

Quando cogitamos de vantagens em uma relação jurídica é importante sabermos de quem serão tais vantagens. No caso de que estamos cuidando, é importante sabermos se as vantagens seriam do agente público ou dos cidadãos que são afetados pela conduta destes.

Aqui, ao cogitarmos das vantagens da responsabilidade pessoal do agente público, estamos nos referindo a vantagens para o contribuinte, vale dizer, para aqueles que eventualmente podem ser atingidos por atos ilegais praticados por um agente administrativo. Atos ilegais que causam prejuízos. Afirmamos que é mais vantajoso para o contribuinte cobrar a indenização do agente administrativo do que do ente público ao qual esteja o agente vinculado.

Sem dúvida a responsabilidade do ente público, vale dizer, a responsabilidade do Estado, é bem mais ampla, por ser objetiva, enquanto a responsabilidade do agente público, ou mais especificamente, a responsabilidade do agente administrativo, é subjetiva, vale dizer, somente existe nos casos em que este age com culpa ou dolo. Mesmo assim, é mais vantajoso para o cidadão, em especial o contribuinte, cobrar a responsabilidade do agente administrativo do que do Estado, como vamos aqui demonstrar.

88 RESPONSABILIDADE PESSOAL DO AGENTE PÚBLICO

2. Responsabilidade do ente público

A vigente Constituição Federal estabelece, de forma clara e indiscutível, a responsabilidade do ente público pelos danos que seus agentes causem ao cidadão. E já era assim na Constituição anterior (Emenda Constitucional n. 1/1969), que estabelecia:

Art. 107. As pessoas jurídicas de direito público responderão pelos danos que seus funcionários, nessa qualidade, causarem a terceiros.

Parágrafo único. Caberá ação regressiva contra o funcionário responsável, nos casos de culpa ou dolo.

Efetivamente, não há dúvida quanto à responsabilidade do Ente Público pelos danos decorrentes de conduta ilegal ou abusiva de um agente público. Na verdade o ente público é responsável objetivamente pelos danos causados ao cidadão, nos termos da vigente Constituição Federal, que estabelece:

Art. 37. (...) § 6º. As pessoas jurídicas de direito público e as de direito privado prestadoras de serviços públicos responderão pelos danos que seus agentes, nessa qualidade, causarem a terceiros, assegurado o direito de regresso contra o responsável nos casos de dolo ou culpa.

Referindo-se a esse dispositivo da vigente Constituição Federal, que reproduziu literalmente, o eminente constitucionalista José Afonso da Silva escreveu:

As pessoas jurídicas de direito público e as de direito privado prestadoras de serviços públicos responderão pelos danos que seus agentes, nessa qualidade, causarem a terceiros, assegurado o direito de regresso contra o responsável nos casos de dolo ou culpa (art. 37, § 6º).

Responsabilidade civil significa a obrigação de reparar os danos ou prejuízos de natureza patrimonial (e, às vezes, moral) que uma pessoa cause a outrem. O dever de indenizar prejuízos causados a terceiros por agente público foi por longo tempo recusado à Administração Pública. Predominava, então, a doutrina da irresponsabilidade da Administração, sendo que os particulares teriam que suportar os prejuízos que os servidores públicos lhes davam, quando no exercício regular de suas funções.

Tal posição, no entanto, não se compadecia com o Estado de Direito, por isso, o direito brasileiro cedo a obrigação de a Fazenda Pública com por os danos que os seus servidores nessa qualidade, causem a terceiros, pouco importando decorra o prejuízo de atividade regular ou irregular do

VANTAGENS DA RESPONSABILIDADE PESSOAL DO AGENTE PÚBLICO 89

agente. Agora a Constituição vai além, porque equipara, para tal fim, a pessoa jurídica de direito público, aquelas de direito privado que prestem serviços públicos (como são as concessionárias e as autorizatárias de serviços públicos), de tal sorte que os agentes (presidentes, superintendentes, diretores, empregados em geral) dessas empresas ficam na mesma posição dos agentes públicos no que tange à responsabilidade pelos danos causados a terceiros.[1] Não se cogitará da existência ou não de culpa ou dolo do agente para caracterizar o direito do prejudicado à composição do prejuízo, pois a obrigação de ressarci-lo por parte da Administração ou entidade equiparada fundamenta-se na doutrina do risco administrativo.[2]

A obrigação de indenizar é da pessoa jurídica a que pertencer o agente. O prejudicado há que mover a ação de indenização contra a Fazenda Pública respectiva ou contra a pessoa jurídica privada prestadora do serviço público, não contra o agente causador do dano. O princípio da impessoalidade vale aqui também.

O terceiro prejudicado não tem que provar que o agente procedeu com culpa ou dolo, para lhe correr o direito ao ressarcimento dos danos sofridos. A doutrina do risco administrativo isenta-o do ônus de tal prova, basta comprove o dano e que este tenha sido causado por agente da entidade imputada. A culpa ou dolo do agente, caso haja, é problema das relações funcionais que escapa à indagação do prejudicado. Cabe à pessoa jurídica acionada verificar se seu agente operou dolosa ou culposamente para o fim de mover--lhe ação regressiva assegurada no dispositivo constitucional, visando a cobrar as importâncias despendidas com o pagamento da indenização. Se o agente não se houve com culpa ou dolo, não comportará ação regressiva contra ele, pois nada tem de pagar.

Resta apenas observar que a Constituição foi técnica desta vez, primeiro por incluir no campo da responsabilidade objetiva todas as pessoas que operam serviços públicos, segundo por ter abandonado o termo "funcionário", que não exprimia adequadamente o sentido da norma, substituído agora pelo termo "agente".[3]

---

1. Consagra-se, nesse particular, a tese de Hely Lopes Meirelles, *Direito Administrativo Brasileiro*, pp. 558 e 559. Até onde pudemos conferir, o autor assumiu essa posição pelo menos neste a 4ª ed. da citada obra.
2. Cf. José Aguiar Dias, *Da Responsabilidade Civil*, 4ª ed., vol. II/595 e ss., Rio de Janeiro, Forense, 1960; Hely Lopes Meirelles, ob. cit., pp. 542 e ss.; J. Guimarães Menegalle, *Direito Administrativo e Ciência da Administração*, 2ª ed., vol. I/333 e ss., Rio de Janeiro, Borsoi, 1950; Onofre Mendes Júnior, *Direito Administrativo*, 2ª ed., vol. II/303 e ss., Belo Horizonte, Ed. Bernardo Álvares, 1961, sustentando a tese da socialização da responsabilidade civil do Estado; Celso Antônio Bandeira de Mello, *Curso de Direito Administrativo*, 33ª ed., São Paulo, Malheiros Editores, Cap. XX, §§ 35 e ss.
3. José Afonso da Silva, *Curso de Direito Constitucional Positivo*, 40ª ed., São Paulo, Malheiros Editores, 2017, pp. 685-686.

90   RESPONSABILIDADE PESSOAL DO AGENTE PÚBLICO

Alexandre de Moraes também se reporta à previsão constitucional da responsabilidade objetiva do Estado por danos causados por seus agentes, e transcreve decisão do Supremo Tribunal Federal ao dizer que:

A teoria do risco administrativo, consagrada em sucessivos documentos constitucionais brasileiros desde a Carta Política de 1946, confere fundamento doutrinário à responsabilidade civil objetiva do Poder Público pelos danos a que os agentes públicos houverem dado causa, por ação ou por omissão. Essa concepção teórica, que informa o princípio constitucional da responsabilidade civil objetiva do Poder Público, faz emergir, da mesma ocorrência de ato lesivo causado à vítima pelo Estado, o dever de indenizá-la pelo dano pessoal e/ou patrimonial sofrido, independentemente de caracterização de culpa dos agentes estatais ou de demonstração de falta do serviço público. Os elementos que compõem a estrutura e delineiam o perfil da responsabilidade civil objetiva do Poder Público compreendem: (a) a alteridade do dano, (b) a causalidade material entre o *eventus damni* e o comportamento positivo (ação) ou negativo (omissão) do agente público, (c) a oficialidade da atividade causal e lesiva, imputável a agente do Poder Público, que tenha, nessa condição funcional, incidido em conduta comissiva ou omissiva, independentemente da licitude, ou não, do comportamento funcional (*RTJ* 55/503 – *RTJ* 71/99 – *RTJ* 91/377 – *RTJ* 99/1155 – *RTJ* 131/417).[4]

Como se vê, a entidade pública tem responsabilidade objetiva pelos danos que seus agentes causem aos cidadãos, bastando para tanto a relação de causalidade entre a atividade estatal e o dano. Entretanto, mesmo não havendo dúvida quanto à responsabilidade da entidade pública, pelos danos que agindo em seu nome seus agentes causem ao cidadão, consideramos insuficiente essa responsabilidade, pelas razões que adiante vamos expor.

3. Insuficiência da responsabilidade do ente público

Realmente, a responsabilidade do Estado pelos danos que os seus servidores causem aos cidadãos, mesmo sendo ampla e objetiva, é insuficiente para dar ao contribuinte a segurança de que não será vítima de agressões a seus direitos por parte do agente público. E por isto mesmo é que preconizamos a responsabilidade pessoal do agente fiscal, que nos parece o caminho adequado para a redução do arbítrio nas relações tributárias.

4. Cf. Alexandre de Moraes, *Direito Constitucional*, 3ª ed., São Paulo, Atlas, 1998, pp. 301 e 302.

VANTAGENS DA RESPONSABILIDADE PESSOAL DO AGENTE PÚBLICO   91

A propósito deste assunto já escrevemos:

> Qualquer pessoa que analise as relações entre o Estado e o cidadão há de concluir que o ente público é contumaz violador da lei. Disso, aliás, é eloquente atestado o número cada vez maior de ações ajuizadas contra o Poder Público, perante um Judiciário que se revela cada dia menor e menos eficaz no controle da legalidade dos atos da Administração Pública.
>
> Quem exerce atividade direta ou indiretamente ligada à tributação sabe muito bem que os agentes do fisco geralmente não respeitam os direitos do contribuinte e tudo fazem para arrecadar mais, ainda que ilegalmente. Pode-se mesmo afirmar, sem exagero, que na relação tributária quem mais viola a ordem jurídica é a Fazenda Pública. Desde as violações mais flagrantes, como a não devolução de empréstimos compulsórios e de tributos pagos indevidamente,[5] até as violações oblíquas, como as denominadas sanções políticas, que configuram verdadeiros desvios de finalidade ou abusos de poder.[6]

Nosso entendimento resulta da observação dos fatos que ocorrem na relação tributária, observação que temos feito em mais de cinquenta anos de atividade profissional, como contabilista e como advogado. Trata-se de uma relação extremamente conflituosa, porque o Estado na verdade não respeita os direitos do contribuinte, e este, talvez como represália ou como forma de defesa, muitas vezes não cumpre as suas obrigações nessa relação.

Ocorre que o descumprimento dos deveres do contribuinte pode ser, e tem sido, severamente punido com multas geralmente muito elevadas, enquanto o descumprimento dos deveres do Estado, mesmo causando sérios danos ao contribuinte, resulta, na prática, sem as consequências que deveria ter, porque o contribuinte não tem cobrado a indenização devida, seja do ente público, seja do agente fiscal.

A responsabilidade objetiva do Estado é insuficiente pelo menos por duas razões, a saber: a) o Estado dispõe de privilégios processuais que o colocam em posição vantajosa o suficiente para desestimular o

---

5. A Fazenda Pública tem o dever de restituir, de ofício, o tributo que eventualmente lhe seja pago indevidamente. Na prática, porém, não devolve nem de ofício nem a requerimento do interessado, dando lugar a uma pletora de ações de repetição do indébito, e mesmo quando vencida, com sentença transitada em julgado, protela o quanto pode o atendimento dos correspondentes precatórios, com expedientes que na maioria das vezes chegam a ser, além de descabidos, verdadeiramente ridículos.

6. Hugo de Brito Machado, *Direitos Fundamentais do Contribuinte e a Efetividade da Jurisdição*, São Paulo, Atlas, 2009, p. 217.

92 RESPONSABILIDADE PESSOAL DO AGENTE PÚBLICO

contribuinte que prefere não promover ação contra ele; e b) são imensas as dificuldades a serem enfrentadas na execução contra o Estado, a começar com a impenhorabilidade dos bens públicos, indo até o famoso e imoral precatório.

4. A tendência dos juízes

Por outro lado, parece haver uma tendência dos juízes de decidirem as questões a favor do Estado, como asseverou Rui Barbosa, escrevendo:

Não vos mistureis com os togados, que contraíram a doença de achar sempre razão ao Estado, ao Governo, à Fazenda; por onde os condecora o povo com o título de "*fazendeiros*". Essa presunção de terem, de ordinário, razão contra o resto do mundo, nenhuma lei reconhece à Fazenda, ao Governo, ou ao Estado.

Antes, se admissível fosse aí qualquer presunção, havia de ser em sentido contrário; pois essas entidades são as mais irresponsáveis, as que mais abundam em meios de corromper, as que exercem as perseguições, administrativas, políticas e policiais, as que demitindo funcionários indemissíveis, rasgando contratos solenes, consumando lesões de toda a ordem (por não serem os perpetradores de tais atentados os que os pagam), acumulam, continuamente, sobre o tesoiro público terríveis responsabilidades.[7]

Entretanto, não nos parece que essa tendência seja de todos os juízes. Felizmente não é. A este propósito já escrevemos:

É certo que, na prática, alguns juízes atuam como se fossem administradores fazendários. E eventualmente alguns agentes do fisco atuam como verdadeiros juízes. São, todavia, exceções que apenas confirmam a regra.

No que diz respeito à manifestação de parcialidade por alguns juízes, no mais das vezes oriundos dos quadros de procuradorias de Fazenda Pública, observa-se certa ingenuidade. Eles acreditam que a Fazenda Pública é sempre correta em seus procedimentos. Não viola a lei. E que os contribuintes geralmente são sonegadores. Geralmente são jovens que ainda não estão conscientes da distinção entre a função administrativa e a função jurisdicional, e que com o tempo certamente vão corrigindo suas atitudes e no futuro certamente exercerão melhor a jurisdição que lhes cabe desempenhar.[8]

---

7. Rui Barbosa, *Discursos, Orações e Conferências*, São Paulo, Iracema, 1966, p. 221.

8. Hugo de Brito Machado, *Comentários ao Código Tributário Nacional*, 2ª ed., São Paulo, Atlas, 2009, vol. III, p. 853

VANTAGENS DA RESPONSABILIDADE PESSOAL DO AGENTE PÚBLICO 93

E por considerarmos, como efetivamente consideramos, que a independência dos juízes é indispensável em um Estado democrático, escrevemos:

A efetiva independência dos órgãos jurisdicionais é um requisito essencial para a construção de um Estado Democrático de Direito, e, entre nós, quanto aos direitos albergados pela relação tributária, infelizmente, essa independência mostra-se ainda muito comprometida, especialmente pela forma de provimento dos cargos nos tribunais superiores, particularmente no Supremo Tribunal Federal. Esse tema também será examinado adiante, na parte deste estudo onde vamos cuidar da *Defesa dos Direitos Fundamentais do Contribuinte*.

Infelizmente, é muito difícil fazer-se com que os juízes não se achem no dever de defender o Estado. Sánchez Serrano, membro do corpo de letrados do Tribunal Constitucional da Espanha, evidencia que o leitor não encontrará em sua obra receituário algum dirigido a facilitar o fortalecimento do poder estatal, que sempre tem gozado e continuará gozando entre nós de excelente saúde. Confessa, porém, que: "por convicción y por oficio – funcionario múltiple estatal soy – me preocupa, sí, y procuro defender el Estado al que sirvo y que asegura incluso mi subsistencia.[9]

Quem tenha vivência em questões tributárias pode perceber que alguns juízes talvez exagerem nessa preocupação e nessa defesa do Estado; e que assim talvez não consigam manter a imparcialidade quando julgam questões nas quais o Estado é parte.

Por outro lado, a forma de provimento dos cargos de membros dos tribunais, especialmente do Supremo Tribunal Federal, talvez exerça influência na mente do julgador de questões tributárias. Talvez pensem que um juiz imparcial, quer dizer, um juiz que não se preocupa com os interesses fazendários, dificilmente será agraciado pelo Chefe do Poder Executivo com a desejada nomeação.

Apesar de tudo, porém, a maioria dos juízes brasileiros decide bem as questões tributárias, fazendo com que valha a pena invocar o direito à jurisdição em nosso País. O Poder Judiciário funciona como um grande limitador do arbítrio estatal nessa área. Por isto mesmo, é crescente a importância do estudo do Direito Tributário, para que se possa invocar o direito à jurisdição com sólidos fundamentos. Na verdade o direito à jurisdição efetiva, vale dizer, a uma jurisdição prestada por juízes independentes, é a mais fundamental de todas as garantias constitucionais. Podemos até dizer, sem nenhum exagero, que o direito à jurisdição efetiva é o direito de ter

---

9. Luiz Sánchez Serrano, *Tratado de Derecho Financiero y Tributario Constitucional*, Madrid, Marcial Pons, 1997, p. 20.

94 RESPONSABILIDADE PESSOAL DO AGENTE PÚBLICO

direito. Sem uma jurisdição efetiva as diversas normas do sistema jurídico não passam de simples manifestações da retórica.[10]

Seja como for, é certo que acionar o agente público é melhor do que acionar o Estado, seja em face dos privilégios processuais da Fazenda Pública, seja em face da tendência de alguns julgadores de decidirem a favor desta, até por entenderem que devem privilegiar o que entendem ser o interesse público.

5. O efeito preventivo da responsabilidade pessoal do agente público

Além da indiscutível vantagem da responsabilização pessoal do agente público, por não gozar este dos privilégios processuais próprios do Estado, ou ente público, a responsabilização pessoal do agente público tem ainda efeito preventivo, extremamente positivo para a eliminação dos conflitos na relação de tributação. Tal efeito preventivo resulta da cautela com que o agente fiscal passará a atuar no exercício de suas funções, certo de que responderá, pessoalmente, pelos danos causados pelas ilegalidades que pratique.

É indiscutível que o fato de ter o agente público a certeza de que poderá ser responsabilizado, pessoalmente, pelos danos que em sua atividade cause ao contribuinte, inibe condutas ilegais ou abusivas que geralmente pratica quando considerar que o Estado, e não ele, responde por tais danos.

Infelizmente, na prática são raros os casos nos quais o contribuinte prejudicado cobra a correspondente indenização, talvez por desconsiderar a efetiva finalidade dessa cobrança, que é dupla, abrangendo indiscutivelmente o efeito preventivo. Sobre o assunto já escrevemos:

A indenização por cometimento ilícito tem dupla finalidade: a de tornar indene, restabelecer, o patrimônio de quem sofreu o dano, e a de desestimular a conduta ilícita de quem o causou. A responsabilidade objetiva do Estado por danos ao cidadão pode assegurar a este a indenização correspondente, e assim fazer com que se efetive a primeira dessas finalidades da indenização, mas não faz efetiva a segunda, porque não atua como fator desestimulante da ilegalidade, pois quem a pratica não suporta o ônus da indenização que, sendo paga pelos cofres públicos, recai afinal sobre o próprio universo de contribuintes.

10. Hugo de Brito Machado, *Direitos Fundamentais do Contribuinte e a Efetividade da Jurisdição*, cit., pp. 94-95.

VANTAGENS DA RESPONSABILIDADE PESSOAL DO AGENTE PÚBLICO 95

Nos dias atuais quem corporifica o Estado age de modo praticamente irresponsável no que diz respeito aos direitos individuais que eventualmente lesiona. O agente do fisco, que formula em auto de infração exigência que sabe ou deveria saber indevida, não sofre nenhuma consequência de seu ato ilícito, não obstante esteja este legalmente definido como crime de excesso de exação.[11] Não se conhece nenhum caso de ação penal por excesso de exação, e não é razoável acreditar-se que nenhum agente do fisco o tenha praticado.

Preconizamos, pois, a responsabilidade do agente público por lesões que pratique a direitos do contribuinte, sem prejuízo da responsabilidade objetiva do Estado. Esta é a forma mais adequada de se combater o cometimento arbitrário do fisco. Uma indenização, por mais modesta que seja, paga pessoalmente pelo agente público, produzirá, com certeza, efeito significativo em sua conduta. Ele não agirá mais com a sensação de absoluta irresponsabilidade como tem agido. Esse efeito salutar, aliás, começará logo com a citação. Tendo de defender-se em juízo, de prestar depoimento pessoal, o agente público vai pensar bem antes de praticar ilegalidades flagrantes, e assim já não cumprirá aquelas ordens superiores que de tão flagrantemente ilegais não podem ser dadas por escrito.

Terá a responsabilização do agente fiscal um significativo efeito preventivo de litígios, evitando todos aqueles que sejam fruto de autuações inteiramente descabidas, que somente existem por causa do sentimento de irresponsabilidade que predomina entre os agentes do fisco.[12]

Sabemos todos que o sentimento de irresponsabilidade atua como fator de estímulo aos cometimentos ilícitos. Exemplo disto, inteiramente alheio ao tema deste nosso livro, é o que ocorre com a malsinada menoridade penal. O sentimento de irresponsabilidade das pessoas com menos de dezoito anos em nosso País é, com certeza, motivador dos ilícitos que geram a enorme insegurança na qual vivemos.

A responsabilização pessoal do agente público, entretanto, tem ainda outros efeitos benéficos, como veremos a seguir.

6. Outros efeitos benéficos da responsabilização pessoal do agente fiscal

A nosso ver, a responsabilização pessoal do agente público por danos causados ao contribuinte tem ainda outros efeitos benéficos, seja

11. Código Penal, art. 316, § 1º, com redação que lhe deu o art. 20, da Lei 8.137, de 27.12.1990.
12. Hugo de Brito Machado, *Direitos Fundamentais do Contribuinte e a Efetividade da Jurisdição*, cit., pp. 218-219.

96 RESPONSABILIDADE PESSOAL DO AGENTE PÚBLICO

na harmonia entre os Poderes do Estado, seja na moralização da conduta dos agentes fiscais.

Destacando o efeito que a responsabilização pessoal do agente público certamente produz na harmonia entre os Poderes do Estado, bem como o efeito moralizador do agente fiscal na relação tributária, escrevemos:

A responsabilização pessoal do agente fiscal produzirá, também, outro efeito preventivo de litígios que preferimos denominar efeito na harmonia entre os poderes. Há casos nos quais o arbítrio reside na própria lei, que, uma vez declarada inconstitucional em decisão definitiva do Supremo Tribunal Federal, não deve mais ser aplicada pela autoridade administrativa.

É certo que a autoridade administrativa não deve deixar de aplicar uma lei por considerá-la inconstitucional, mas é assim porque não lhe cabe dizer se a lei é ou não inconstitucional. A declaração de inconstitucionalidade cabe ao Judiciário e, em última instância, ao Supremo Tribunal Federal. Uma vez transitada em julgado essa declaração, a autoridade administrativa já não pode aplicar a lei inconstitucional. Se o fizer – e na prática em inúmeros casos já o fez – poderá ser pessoalmente responsabilizada.

É certo que a declaração de inconstitucionalidade no denominado controle difuso não produz efeitos gerais. Por isto há quem sustente que a autoridade administrativa não está obrigada a abster-se de aplicar a lei que nessa via tenha sido declarada inconstitucional, antes da suspensão da vigência desta pelo Senado Federal. Na verdade, porém, assim não é. Uma vez declarada a inconstitucionalidade de uma lei, em decisão definitiva, a autoridade administrativa já não a pode aplicar. Se a Fazenda Pública é parte no processo onde se deu a declaração de inconstitucionalidade – como geralmente acontece em matéria tributária – não há dúvida de que todas as autoridades administrativas a ela vinculadas estarão obrigadas a não mais aplicar a lei declarada inconstitucional. Tanto em razão do efeito processual que se produz em relação à parte, como em razão do princípio da harmonia entre os Poderes do Estado.[13] Se a Fazenda Pública não é parte no processo onde se deu a declaração de inconstitucionalidade – o que dificilmente ocorrerá em matéria tributária – mesmo assim, em razão do dever de preservar a harmonia entre os Poderes do Estado, as autoridades administrativas estarão, todas, impedidas de seguir aplicando a lei declarada inconstitucional.

Realmente, nossa Constituição Federal consagra a separação de poderes, mas diz que estes são independentes e *harmônicos* entre si, e, para que exista realmente essa harmonia, é necessário que as autoridades de um respeitem as decisões das autoridades dos outros. Assim, se o órgão máximo do Poder Judiciário afirma, em decisão definitiva, que uma lei é inconstitucional, as autoridades dos dois outros Poderes devem respeitar esse entendimento

13. CF, art. 2º.

VANTAGENS DA RESPONSABILIDADE PESSOAL DO AGENTE PÚBLICO   97

e, portanto, devem deixar de aplicar a lei declarada inconstitucional. Elas não podem, é certo, declarar a inconstitucionalidade, nem deixar de aplicar uma lei que não tenha sido declarada inconstitucional, porque até que isto ocorra prevalece a presunção de constitucionalidade. Declarada, no entanto, a inconstitucionalidade em decisão definitiva pelo Supremo Tribunal Federal, a harmonia entre os poderes impõe às autoridades o dever de levar em conta tal declaração, mesmo que o Senado Federal ainda não tenha decidido suspender a vigência da lei em questão.

Em se tratando de declaração de inconstitucionalidade proferida no controle concentrado, dúvida não pode haver quanto aos efeitos gerais que esta produz. Assim, dúvida não pode haver de que todas as autoridades, sejam fazendárias ou não, estarão impedidas de aplicar a lei declarada inconstitucional. (...)

A responsabilização do agente fiscal terá também um significativo efeito moralizador. Evitará que o agente fiscal utilize o seu poder de lavrar autos de infração apenas para retaliar contra o contribuinte que não lhe atendeu as pretensões escusas. Certo de que lavrando auto de infração em situações nas quais não existe razão jurídica para tanto, estará assumindo a responsabilidade pelos danos decorrentes de seu indevido comportamento, o agente fiscal evitará esse mau procedimento.

Por outro lado, como não poderá lavrar irresponsavelmente tantos autos de infração, quando encontrar situação na qual o auto é cabível, tenderá a lavrá-lo como forma de justificar a sua atividade fiscalizadora.

Quando estiver em dúvida, tenderá a consultar oficialmente sua chefia, fazendo com que esta possa manter um efetivo controle da conduta de cada agente, tornando mais eficazes as normas internas de orientação dessa categoria funcional.[14]

14. Hugo de Brito Machado, *Direitos Fundamentais do Contribuinte e a Efetividade da Jurisdição*, cit., pp. 219-220.

6.
QUESTÕES ATINENTES
À SEGURANÇA JURÍDICA

1. Complexidade da legislação. 2. Divisão equitativa do ônus da insegurança. 3. A insegurança jurídica para o agente fiscal. 4. A insegurança jurídica para o contribuinte. 5. Quem pode evitar a complexidade da legislação. 6. Procedimento do agente fiscal na dúvida em face da lei.

1. Complexidade da legislação

Questão relevante no contexto da responsabilidade pessoal do agente público por danos ao contribuinte, atinente à segurança jurídica, é a complexidade da legislação tributária. Infelizmente, em nosso País a legislação tributária é extremamente complexa, e a cada dia essa complexidade aumenta.

Além de complexa, a legislação tributária está em constante mudança. A cada dia surge uma lei nova tratando de algum aspecto de um tributo, e, por isto mesmo, ninguém consegue ter segurança no que concerne ao trato de alguma questão tributária. Mesmo estudando a legislação tributária a mais de cinquenta anos, pois antes da conclusão do curso de graduação em Direito já vínhamos lidando com a legislação tributária no exercício da atividade de técnico em contabilidade, mesmo assim não conhecemos nossa legislação tributária.

A propósito da complexidade de nossa legislação tributária, lembramos a solicitação de um cliente que, titular de uma empresa de prestação de serviços de grande porte, com atuação em todo o território nacional, nos solicitou um parecer que, diante da narração detalhada da atividade de sua empresa, indicasse como proceder para não ter problemas com o fisco.

100 RESPONSABILIDADE PESSOAL DO AGENTE PÚBLICO

Não tivemos condição de atender àquela solicitação porque na verdade não nos sentimos em condições de fazê-lo. Na verdade, diante de cada caso concreto é que, depois de pesquisarmos a legislação específica que nos pareça aplicável, é que nos sentimos em condição de emitir um parecer.

Assim, se uma pessoa que lida com a legislação tributária há mais de cinquenta anos, como é o nosso caso, não a conhece suficientemente, é razoável colocar-se a questão da responsabilidade pessoal do agente fiscal pelos danos que, por ilegalidade praticada no exercício de sua atividade, cause ao contribuinte.

2. Divisão equitativa do ônus da insegurança

Realmente, é antigo o argumento segundo o qual em face da complexidade da legislação tributária, não seria justo atribuir-se ao agente fiscal responsabilidade pessoal por danos que cause ao contribuinte.

Aliás, no Capitulo 4 já afirmamos que um dos argumentos quase sempre desenvolvidos contra a responsabilidade pessoal do agente público consiste na insegurança jurídica resultante da imprecisão das normas da legislação tributária, e da frequente alteração destas. Em face da inegável insegurança jurídica que há de enfrentar todos os dias o agente fiscal de tributos, não seria justo responsabilizá-lo pelos erros eventualmente cometidos em sua atividade.

Ocorre que a insegurança jurídica decorrente da complexidade da legislação tributária não afeta somente o atente fiscal. Afeta também, indiscutivelmente, o contribuinte. Assim, resta-nos saber quais são os meios dos quais dispõe o agente fiscal, e quais são os meios dos quais dispõe o contribuinte, para enfrentarem essa insegurança. Conhecendo esses meios, poderemos melhor avaliar se realmente é injusto atribuir-se ao agente fiscal responsabilidade pessoal pelos danos que venha a causar ao contribuinte através de práticas ilegais que podem decorrer do insuficiente conhecimento da legislação tributária.

3. A insegurança jurídica para o agente fiscal

O agente fiscal trabalha com determinados tributos, vale dizer, aplica legislação tributária específica. Mesmo o agente fiscal federal, vale dizer, o servidor da União, entidade que tem competência impositiva mais

QUESTÕES ATINENTES À SEGURANÇA JURÍDICA 101

ampla, geralmente trabalha com situações tributárias específicas, posto que a repartição à qual se vincula divide seus agentes fiscais em grupos especializados.

O objetivo essencial de sua atividade é fiscalizar o cumprimento da legislação tributária pelo contribuinte. Assim, não tem outras questões importantes a enfrentar. Seu instrumento de trabalho na verdade é a legislação tributária que aplica, e que, por isto mesmo, conhece e tem o dever de conhecer muito bem.

Além disto, o agente fiscal pode, se assim o desejar, agir somente nos termos estabelecidos pelas autoridades superiores. Em caso de dúvida pode a estas pedir orientação, inclusive motivando a expedição de atos como portarias, instruções normativas e outros, que se prestam para excluir a sua responsabilidade pessoal pelos atos praticados segundo tais instruções. E se, mesmo assim, ainda tiver dúvida diante de um caso concreto, pode pedir orientação a autoridade à qual esteja subordinado, com o que estará a esta transferindo a responsabilidade no caso de ser ilegal a orientação recebida.

Por outro lado, se em qualquer hipótese deixar de praticar atos que considere lesivos ao interesse do contribuinte, não perde nada em sua remuneração.

4. A insegurança jurídica para o contribuinte

Diversamente do que ocorre com o agente fiscal, o contribuinte geralmente trabalha com situações sujeitas a vários tributos, vale dizer, tem de observar a legislação tributária em geral, federal, estadual e municipal. E a escolha de determinado comportamento para evitar problemas com o Fisco geralmente implica significativa redução em seus ganhos.

Embora disponha do instituto da Consulta, não tem nesta um caminho razoável para afastar a insegurança decorrente da complexidade da legislação tributária, porque, em primeiro lugar, a Consulta é feita a seu opositor na relação tributária, vale dizer, é feita ao Fisco, que tem todo o interesse em responder indicando como correta a forma de agir que lhe é mais favorável. Em outras palavras, a resposta à Consulta Fiscal é sempre contaminada de parcialidade. E em segundo lugar, a resposta à Consulta Fiscal geralmente é demorada, e quando o contribuinte fica aguardando essa resposta sem praticar sua atividade pode estar sofrendo sérios prejuízos.

102   RESPONSABILIDADE PESSOAL DO AGENTE PÚBLICO

5. Quem pode evitar a complexidade da legislação

Finalmente coloca-se a questão de saber quem pode evitar, ou minimizar, a complexidade da legislação, e desde logo podemos afirmar que esse poder, com toda certeza, não é do contribuinte. E embora o agente fiscal, individualmente, também não tenha esse poder, é inegável que pode oferecer sugestões a autoridades superiores no sentido de emitir atos normativos infralegais esclarecedores, e em muitos casos pode mesmo oferecer sugestões que autoridades superiores podem encaminhar aos órgãos legislativos.

Ocorre, infelizmente, que o Poder Público não tem mesmo nenhum interesse em tornar a legislação tributária mais fácil de ser conhecida e interpretada. Parece ter mesmo é interesse em sua complexidade.

Para demonstrarmos que o Poder Público não tem interesse em tornar a legislação tributária de mais fácil conhecimento, basta lembrarmos o que ocorre com a regra do art. 212 do Código Tributário Nacional. Esse dispositivo estabelece:

Art. 212. Os Poderes Executivos federal, estaduais e municipais expedirão, por decreto, dentro de 90 (noventa) dias da entrada em vigor desta Lei, a consolidação, em texto único, da legislação vigente, relativa a cada um dos tributos, repetindo-se essa providência até o dia 31 de janeiro de cada ano.

O Código Tributário Nacional entrou em vigor no dia 1º de janeiro de 1967, mas até hoje a providência preconizada em seu art. 212 não foi adotada, o que deixa fora de dúvida o desinteresse do Poder Público de informar melhor o contribuinte para que este conheça as leis tributárias.

Comentando esse dispositivo já escrevemos:

Ao estabelecer que os Poderes Executivos federal, estaduais e municipais expedirão, por decreto, dentro de noventa dias da entrada em vigor desta Lei, a consolidação, em texto único, da legislação vigente, relativa a cada um dos tributos, repetindo-se esta providência até o dia 31 de janeiro de cada ano, o Código Tributário Nacional criou importante dever jurídico para a Administração Tributária da União, dos Estados e dos Municípios.

O descumprimento desse dever apenas confirma que o Estado é na verdade um contumaz violador da lei. É um exemplo indiscutível dessa conduta ilícita, que demonstra de modo eloquente e incontestável que temos razão quando, em diversas oportunidades, temos afirmado que o Poder Público geralmente não tem nenhum respeito pelos direitos do cidadão, atitude

QUESTÕES ATINENTES À SEGURANÇA JURÍDICA

que se explica por ser o sistema normativo um sistema de limites, ao qual nenhum governante quer submeter-se.[1]

E ainda, depois de várias considerações a respeito da norma do art. 212, abordamos a questão da responsabilidade pelo ilícito consistente em seu descumprimento, escrevendo:

5. RESPONSABILIDADE GERADA PELO ILÍCITO

5.1. O dever e a responsabilidade

É mais do que evidente o dever jurídico atribuído aos Poderes Executivos da União, dos Estados e dos Municípios, de consolidarem anualmente em texto único a legislação de cada um de seus tributos. O não cumprimento desse dever, isto é, a não observância do art. 212 do Código Tributário Nacional é, sem dúvida, uma omissão ilícita, que gera a responsabilidade pelos danos daí decorrentes.

Essa responsabilidade é atribuída pelo art. 37, § 6º, da vigente Constituição Federal, ao ente público. Responsabilidade objetiva que independe, portanto, de ter havido dolo ou culpa da Administração. Responsabilidade que decorre da má qualidade dos serviços de administração e arrecadação dos tributos, desenvolvidos sem que disponham, servidores públicos e contribuintes, das informações quanto ao que a própria Administração entende serem as normas vigentes da legislação tributária.

5.2. Responsabilidade do ente e do agente públicos

A responsabilidade objetiva é do ente público. Isto, porém, não quer dizer que o agente público não possa também ser responsabilizado nos casos em que tenha havido dolo ou culpa.

Como na generalidade dos casos não é razoável admitir-se que a Administração Tributária não disponha de condições para o cumprimento do dever que lhe é atribuído pelo art. 212 do Código Tributário Nacional, tem-se de concluir que a culpa estará em geral presente.

Seja como for, não basta a responsabilidade dos entes públicos.

Com efeito, consagrada a responsabilidade objetiva, pensou-se que o cidadão estivesse finalmente protegido contra os abusos do poder estatal. Essa proteção, porém, tem se mostrado precária e em muitos casos praticamente inútil. Privilégios processuais permitem uma quase infindável protelação do processo que, a final, esbarra no precatório, hoje aviltado com o parcelamento em dez anos. Além disto, mesmo quando efetivada a

---

1. Hugo de Brito Machado, *Comentários ao Código Tributário Nacional*, 2ª ed., vol. III, cit., p. 921.

104 RESPONSABILIDADE PESSOAL DO AGENTE PÚBLICO

indenização, esta não tem o efeito que se espera das sanções em geral, de inibir a conduta abusiva, posto que sai dos cofres públicos e não do patrimônio de quem exerce a vontade estatal.

Essa realidade em que o Direito se revela ineficaz já fez com que o Ministro Marco Aurélio de Farias Mello, Presidente do STF, em debate no site UOL, reconhecendo não ser possível consertar o Brasil com novas leis, afirmasse, com inteira razão, que "precisamos, na verdade, de homens que cumpram as existentes, e isso engloba aqueles que, nos diversos segmentos, dirigem o País".[2] E o caminho para fazermos com que os dirigentes do País cumpram as leis é a responsabilidade pessoal destes pelos danos que eventualmente causam aos particulares, por seus abusos, inclusive com o descumprimento de decisões judiciais. Responsabilidade civil, porque a experiência tem demonstrado ser impraticável a efetivação da responsabilidade penal.

Para Hely Lopes Meirelles, em face da responsabilidade objetiva do ente público, estabelecida pelo art. 37, § 6º, da vigente Constituição Federal, não existe a responsabilidade pessoal do agente público, a não ser perante o ente público a que serve, titular da ação regressiva contra ele nos casos de dolo ou culpa, mas em sentido contrário manifestam-se, entre outros, Oswaldo Aranha Bandeira de Mello e Celso Antônio Bandeira de Mello, este último invocando em seu apoio a jurisprudência do Supremo Tribunal Federal que, segundo verificamos, efetivamente tem reconhecido que o lesado pode mover ação contra o Estado e contra o agente, conjuntamente.[3]

O descumprimento, pelo Poder Público, da norma albergada pelo art. 212 do Código Tributário Nacional constitui verdadeira afronta ao contribuinte. E como não há no referido dispositivo a previsão explícita de uma sanção, para que tal dispositivo não continue sendo o que Baleeiro denominou *sino sem badalo*,[4] tem-se de buscar o caminho da responsabilidade civil pelos danos decorrentes da omissão no cumprimento do dever de fazer a consolidação das leis de cada imposto.

Valerá a pena tentarmos esse novo caminho. Buscará o interessado demonstrar que a omissão lhe causou danos, o que não será difícil nos casos em que tenha deixado de auferir alguma vantagem prevista em lei não consolidada, ou tenha sofrido alguma punição. E a culpa dos agentes públicos, que neste caso, aliás, é evidente, pois não podem eles desconhecer as normas do Código Tributário Nacional.

A propósito da responsabilidade do agente público pelo descumprimento do art. 212 do Código Tributário Nacional, note-se que Aliomar Baleeiro,

2. *Informe*, do TRF da 1ª Região, n. 102, julho/2001, p. 7.
3. STF, RE 90.071, em *RTJ* 96, p. 237; RE 94.121-MG, rel. Min. Moreira Alves, *RTJ* 105, pp. 225 a 234; entre outros julgados.
4. Aliomar Baleeiro, *Direito Tributário Brasileiro*, 11ª ed., Rio de Janeiro, Forense, 1999, p. 1.026.

QUESTÕES ATINENTES À SEGURANÇA JURÍDICA 105

comentando esse dispositivo, cogitou da possibilidade de *impeachment*, reconhecendo portanto a responsabilidade do Chefe do Poder Executivo inadimplente.

No plano da Administração Pública da União, e dos Estados, e da grande maioria dos Municípios, dúvida não pode haver. Os agentes públicos que servem a essas entidades dispõem de sobradas condições para a consolidação anual, em texto único, da legislação de cada um de seus tributos. Nenhuma escusa pode ser admitida. Restaria apenas saber qual o agente público responsável pela omissão.

À primeira vista pode parecer que a omissão de que se cuida é imputável ao Chefe do Poder Executivo, posto que a este compete baixar decretos. Não nos parece, porém, que seja assim, salvo em alguns municípios de muito pequeno porte. Relativamente à União, e aos Estados, e à maioria dos Municípios, penso que o responsável pela omissão é a autoridade incumbida de chefiar a arrecadação tributária. O Secretário da Receita Federal, na União, os Secretários de Fazenda, ou Finanças dos Estados, e os Secretários de Finanças dos Municípios.[5]

Não pode haver dúvida quanto a quem realmente tem maiores possibilidades de evitar a complexidade da legislação tributária, e assim, minimizar a insegurança jurídica. Com certeza não é o contribuinte que, a rigor, em tese não tem possibilidade nenhuma de evitar ou diminuir a complexidade da legislação tributária.

6. Procedimento do agente fiscal na dúvida em face da lei

Destaque-se, finalmente, que a dúvida decorrente da complexidade da legislação opera sempre em desfavor do contribuinte. É que o agente fiscal, em face da dúvida na legislação tributária, procede sempre em desfavor do contribuinte, pois tem receio de ser tachado de corrupto, venal ou despreparado, e considera sempre que o agente fiscal honesto é aquele que massacra o contribuinte em favor do Fisco. O contribuinte, insatisfeito com a aplicação excessivamente rigorosa da lei, que vá para a Justiça, pois o agente só é punido pela Administração Pública se praticar ilegalidade que prejudique a arrecadação, não aquela ilegalidade com a qual procura aumentá-la.

A demonstrar esse nosso entendimento temos o fato de que nenhum agente fiscal é processado por excesso de exação, crime que consubstan-

5. Hugo de Brito Machado, *Comentários ao Código Tributário Nacional*, 2ª ed., vol. III, cit., pp. 938-940.

106   RESPONSABILIDADE PESSOAL DO AGENTE PÚBLICO

cia exatamente a conduta do agente fiscal que, na dúvida, atua como se a lei determinasse a tributação. Realmente, o Código Penal estabelece:

Art. 316. (...). Parágrafo único. Se o funcionário exige tributo ou contribuição social que sabe ou deveria saber indevido, ou, quando devido, emprega na cobrança meio vexatório ou gravoso que a lei não autoriza. Pena – reclusão, de 3 (três) a 8 (oito) anos, e multa.

Quem conhece algum caso de agente fiscal processado por excesso de exação? Nós não conhecemos nenhum, e quem quer que atue na área da tributação sabe, com certeza, que muitas condutas de agentes fiscais configuram plenamente esse crime.

Certamente, pela mesma razão, não existem ações do Estado cobrando ressarcimento de dano a cujo pagamento tenha sido condenado. Conhecemos somente uma ação desse tipo, em caso de um motorista de automóvel público que bateu em um carro particular, cujo proprietário cobrou judicialmente a indenização do dano, a cujo pagamento a Administração Pública foi condenada. Casos envolvendo agentes fiscais de tributos não conhecemos nenhum.

7.
ASPECTOS PROCESSUAIS

1. Considerações iniciais. 2. O direito substantivo e o direito processual. 3. O processo na responsabilidade civil: 3.1 As questões suscitadas; 3.2 A denunciação da lide; 3.3 Ação apenas contra o Estado; 3.4 Ação apenas contra o agente público; 3.5 Ação contra o agente público e contra o Estado. 4. Processo de conhecimento e processo de execução: 4.1 A decisão e sua execução; 4.2 Opção apenas no processo de execução.

1. Considerações iniciais

O estudo da questão atinente à responsabilidade pessoal do agente público por danos ao contribuinte envolve necessariamente o estudo de aspectos processuais, cujo conhecimento nos permite entender melhor a tese que sustentamos.

Realmente, o trato das questões jurídicas, em geral, de algum modo envolve aspectos processuais, porque a proteção dos direitos de qualquer pessoa exige sempre que se tenha a possibilidade de ingressar em juízo buscando efetivar essa proteção. E. no caso, vale dizer, no trato da questão atinente à responsabilidade pessoal do agente público por danos ao contribuinte, não se pode prescindir do estudo dos aspectos processuais atinentes à ação contra o Estado e da ação contra o agente público, para haver, de um ou do outro, a indenização correspondente.

Assim, depois da referência que fazemos, a seguir, a dois casos que, na prática, deixam evidente a importância do direito processual na defesa de nossos direitos, vamos aqui estudar os aspectos processuais no que diz respeito ao procedimento judicial adequado para haver, seja do Estado, seja do agente público, a indenização do dano sofrido pelo contribuinte. Começaremos estudando a conveniência de acionar somente um, somente o outro, ou os dois, em ações distintas ou na mesma ação judicial. Depois

108 RESPONSABILIDADE PESSOAL DO AGENTE PÚBLICO

vamos estudar a formulação do pedido, ou dos pedidos, aspecto que é da maior importância para o êxito do contribuinte, vale dizer, para que este consiga efetivamente receber a indenização pretendida.

2. O direito substantivo e o direito processual

O direito material ou substantivo do contribuinte, de haver a indenização pelos danos sofridos em decorrência de ilegalidade praticada na relação tributária, nos parece indiscutível. Entretanto, a realização desse direito, vale dizer, a obtenção da indenização, certamente dependerá de decisão judicial e de sua execução, posto que o devedor, seja ele o Estado ou o agente fiscal, sem essa decisão e sua correspondente execução não vai cumprir o seu dever de indenizar. E para que o contribuinte obtenha tal decisão, e sua execução, terá de utilizar os instrumentos processuais adequados. Daí a indiscutível importância do conhecimento do Direito Processual, que há de ser utilizado de forma adequada, sem o que o contribuinte poderá não obter a indenização a ele devida, embora no campo do direito substantivo esse direito seja realmente indiscutível.

Para demonstrarmos a importância do conhecimento do direito processual como instrumento de realização do direito substantivo, e a estreita relação que existe entre esses dois ramos do Direito, vamos a seguir relatar duas situações nas quais o direito substantivo do contribuinte, embora indiscutível, não se efetivou por questões de ordem processual.

Quando exercíamos o cargo de Juiz do Tribunal Regional Federal da 5ª Região, ao deixarmos a presidência e retornarmos à função julgadora na Primeira Turma daquele tribunal, tomamos conhecimento de uma situação curiosa na qual os colegas, em grande quantidade de mandados de segurança contra a exigência de tributo, vinham decidindo extinguir os processos sem julgamento de mérito, à consideração de que os impetrantes não haviam feito a prova do ato impugnado.

No primeiro desses casos de cuja apreciação participamos, fomos contra a extinção do processo sem julgamento de mérito, sob o fundamento de que a autoridade administrativa não havia negado o ato impugnado. E um colega, Professor de Direito Processual Civil, então sustentou que a autoridade não podia confessar, e assim o fato de não haver negado o ato impugnado seria irrelevante. Pedimos vista, e depois de um estudo mais cuidadoso do assunto sustentamos a distinção entre *confessar* e *admitir*. A confissão diz respeito a fato que leva a julgamento contrário ao

ASPECTOS PROCESSUAIS

confitente, enquanto a admissão diz respeito a fato que apenas viabiliza a decisão judicial, que pode ser contrária, mas pode ser favorável à parte que o admitiu, e por isto mesmo a consideração de que a autoridade admitiu o ato impugnado no mandado de segurança, não autoriza a extinção do processo sem apreciação do mérito. E o Tribunal passou a apreciar o mérito daqueles mandados de segurança.[1] Entretanto, o direito dos impetrantes de todos os mandados de segurança anteriormente apreciados ficou sem a prestação jurisdicional a lhes garantir efetividade.

A outra situação na qual restou evidente a importância do conhecimento do Direito Processual diz respeito à então questionada taxa de iluminação pública. Sua cobrança foi contestada porque, a rigor, não se tratava de taxa, eis que o serviço de iluminação pública não é um serviço divisível, mas o que serviu de obstáculo ao reconhecimento do direito dos contribuintes foi uma questão processual referente à legitimidade para promover a ação.

Temos sustentado que o Ministério Público não está legitimado a promover ação civil pública para defender direitos individuais homogêneos dos contribuintes em geral, contra a exigência de tributo fundada em lei inconstitucional. Ao mesmo tempo, porém, sustentamos que em certas circunstâncias os direitos individuais homogêneos mostram-se equivalentes aos interesses difusos ou coletivos e, então, o Ministério Público pode, e deve, utilizar-se da ação civil pública para defendê-los.[2] A primeira parte dessa nossa tese já está pacificada na jurisprudência. O Superior Tribunal de Justiça já decidiu que não cabe ação civil pública para substituir ação direta de inconstitucionalidade[3] e esse entendimento foi também adotado pelo Supremo Tribunal Federal.[4]

Não fora, porém, apreciada a segunda parte de nossa tese, vale dizer, nossa afirmação de que em certas circunstâncias os direitos individuais homogêneos equivalem aos interesses difusos ou coletivos, e assim podem ser defendidos pelo Ministério Público. E isto nos parece até de maior importância, na medida em que, ao sustentarmos a equivalência

1. Veja-se, a propósito dessa questão, meu artigo "Confissão e admissão na teoria da prova", *Revista Dialética de Direito Processual*, São Paulo, Dialética, junho/2003, pp. 24-34.
2. "Ministério Público e Ação Civil Pública em matéria tributária", *Revista Dialética de Direito Tributário* 52/84-90.
3. AI 1.853-99-SP, *RDA* 218/288.
4. RE 195.056-PR, rel. Min. Carlos Velloso, j. 9.12.1999 e RE 213.631-MG, rel. Min. Ilmar Galvão, mesma data, ambos publicados no *Informativo do STF* 174, de 6 a 10.12.1999.

110 RESPONSABILIDADE PESSOAL DO AGENTE PÚBLICO

dos direitos individuais homogêneos aos interesses difusos ou coletivos, procuramos equacionar e superar uma grave dificuldade decorrente da ampliação inadequada da tese segundo a qual o Ministério Público não está legitimado a patrocinar a defesa de direitos individuais homogêneos dos contribuintes em geral. É que, em se tratando de direitos individuais homogêneos, que, individualmente considerados, são de valor irrisório, terminam ficando sem a proteção jurisdicional porque nenhum contribuinte é motivado a agir individualmente.

O jurista deve ter o cuidado de identificar diferenças e as considerar na interpretação das normas, evitando tratar como se fossem iguais situações desiguais. Por outro lado, na interpretação das leis deve atribuir a estas o sentido que lhes permite a realização de suas finalidades, e a preservação da harmonia do sistema jurídico. Assim agindo estará respeitando o princípio da isonomia, que é da própria essência do Direito, evitando as generalizações injustas. E estará respeitando a presunção de constitucionalidade das leis, interpretando-as de conformidade com a Constituição.

Para os fins de defesa coletiva, que pode ser patrocinada pelas entidades que indica, entre as quais o Ministério Público, a lei equipara aos interesses e direitos difusos, e aos interesses ou direitos coletivos, os interesses e direitos individuais homogêneos, que define como *os decorrentes de origem comum*.[5] O ponto nuclear da questão está em saber o que se deve entender como interesses e direitos individuais homogêneos, no contexto dessa disposição legal. Em outras palavras, a questão essencial que se há de enfrentar é a de saber quais os interesses e direitos individuais homogêneos estão realmente equiparados aos direitos e interesses difusos e aos direitos e interesses coletivos, para que possam ser protegidos pela via da ação civil pública.

O ser de origem comum é característica presente em todos os direitos que decorrem da mesma norma, cujo suporte fático é absolutamente igual para várias pessoas. Assim, o direito de um contribuinte, de não pagar determinado imposto que foi criado, ou aumentado, por uma lei inconstitucional, é da mesma origem do direito de todos os demais contribuintes desse mesmo imposto. Os direitos desses vários contribuintes são, portanto, direitos individuais homogêneos.

Nem todos os interesses e direitos individuais homogêneos, todavia, são iguais. Existem aqueles direitos cuja expressão econômica é de grande monta, se considerados em relação à coletividade, mas são economica-

5. Lei 8.078, de 11.9.1990, art. 81.

ASPECTOS PROCESSUAIS

mente insignificantes se considerados em suas relações individuais. É o que acontece, por exemplo, com a taxa de iluminação pública. O valor total cobrado por um município, a título de taxa de iluminação pública, pode ser muito elevado, mas o valor da taxa de iluminação pública, pago por cada contribuinte, é inexpressivo. Esses direitos individuais homogêneos cuja expressão individual é inexpressiva são equivalentes aos direitos difusos, e aos coletivos, posto que ninguém, individualmente, é motivado a defendê-los. São importantes para a coletividade, mas de importância diminuta para cada indivíduo.

Por isto é que sustentamos que nem todos os interesses e direitos individuais homogêneos equiparam-se aos interesses e direitos difusos, ou aos coletivos. A equiparação há de ser estabelecida em razão da finalidade para a qual se pretende que exista. Para o fim de evitar que fiquem desprovidos da proteção judicial, é evidente que se deve estabelecer a equiparação em função do valor econômico da expressão individualizada dos direitos individuais homogêneos.

A lamentável falta dessa distinção essencial tem levado o Supremo Tribunal Federal a deixar desprotegidos os contribuintes da Taxa de Iluminação Pública, pelo não reconhecimento da legitimidade do Ministério Público para impugnar sua cobrança mediante ação civil pública. A distinção que fazemos é uma forma de garantir o acesso à Justiça, sem violação das normas de nosso sistema jurídico, em face das quais não se pode confundir a ação civil pública com a ação direta declaratória de inconstitucionalidade.

Seja como for, certo é que a final firmou-se a jurisprudência, que se consubstanciou na Súmula Vinculante nº 41, no sentido de que o serviço de iluminação pública não pode ser remunerado mediante taxa.

Essa questão, todavia, está hoje superada porque os Municípios conseguiram a criação da denominada contribuição de iluminação pública, e com a simples mudança de nome do tributo evitaram o questionamento em torno da antiga taxa.

3. O processo na responsabilidade civil

3.1 As questões suscitadas

Esclarecido que no Direito brasileiro o agente público é pessoalmente responsável pelos danos que causar no exercício de suas funções,

112 RESPONSABILIDADE PESSOAL DO AGENTE PÚBLICO

ou a pretexto de exercê-las, quando tenha agido com culpa ou dolo, duas questões tem sido suscitadas. Primeira, a de saber se promovida a ação pelo prejudicado contra o ente público, faz-se obrigatória a denunciação da lide, para que o agente público venha integrar o processo como litisconsorte passivo necessário. Segunda, a de saber se o prejudicado tem ação para cobrar diretamente do agente público a indenização a que se considera com direito, ou se tem ação apenas para cobrar do ente público, objetivamente responsável, e apenas este pode, em ação regressiva, cobrar o correspondente ressarcimento fundado na responsabilidade subjetiva do seu agente.

3.2 A denunciação da lide

A questão de saber se é obrigatória a denunciação da lide já foi resolvida pela negativa pelo Supremo Tribunal Federal. Argumentou, com inteira propriedade, o Ministro Décio Miranda, relator do caso:

A responsabilidade do Estado é objetiva. Independe de prova da culpa. Esta, porém, será o fundamento da responsabilidade do funcionário a quem se denuncia a lide.

Denunciar a lide do funcionário, para que conteste apenas alegando a inexistência do dano, ou negando a falha do serviço público que o tenha acarretado, será exigir-lhe tarefa superior a suas possibilidades. Fazê-lo, para que se defenda com a ausência de culpa, será embaraçar inutilmente a pretensão do autor, que para o êxito do pedido independe da prova de culpa do funcionário, bastando a culpa impessoal do serviço público.

Diversos os fundamentos da responsabilidade, num caso, do Estado em relação ao particular, a simples causação do dano; no outro caso, do funcionário em relação ao Estado, a culpa subjetiva, trata-se de duas atuações processuais distintas, que se atropelam reciprocamente, não devendo conviver no mesmo processo, sob pena de contrariar-se a finalidade específica da denunciação da lide, que é a de encurtar caminho à solução global das relações litigiosas interdependentes.

Aqui não há essa dependência, senão quanto à prova do dano em que incorreu o autor. Somente para ficar jungido a ela, mas não à responsabilidade, que na primeira ação é objetiva, e na segunda depende de prova da culpa, não é de admitir que se faça obrigatória a presença do funcionário na ação movida contra o Estado.[6]

6. Voto do Min. Décio Miranda, no RE 93.880-RJ, *RTJ* 100/1.355.

ASPECTOS PROCESSUAIS 113

Isto não quer dizer, porém, que a vítima do dano não possa promover ação contra o agente público que o causou, como adiante se vai demonstrar.

3.3 Ação apenas contra o Estado

A propositura de ação somente contra o Estado é o que geralmente acontece. Seja porque o valor da indenização vai além das forças do patrimônio pessoal do agente público, seja porque a individualização deste se fez impraticável, seja ainda porque o prejudicado tem receio de retaliações, ou não tem como demonstrar a culpa ou o dolo do agente público. O principal inconveniente da ação apenas contra o Estado reside na absoluta ausência do efeito didático da indenização. Como o ônus com o pagamento é suportado pelo ente público, na verdade afeta a toda a comunidade, especialmente a comunidade de contribuintes, que, a final, não tem como evitar as práticas arbitrárias causadoras de danos.

3.4 Ação apenas contra o agente público

A responsabilidade objetiva do Estado, estabelecida pelo art. 37, § 6º, da vigente Constituição Federal, não nos parece excluir o direito daquele que sofreu o dano de cobrar, diretamente do agente público, a indenização respectiva. Se o agente público é pessoalmente responsável, tanto que pode o ente público cobrar deste, em ação regressiva, o ressarcimento da indenização que tenha sido condenado a pagar, não é razoável admitir-se que o prejudicado não possa cobrar diretamente a indenização daquele que efetivamente causou o dano. A responsabilidade objetiva do Estado foi instituída para proteger o particular, garantindo-lhe o direito de haver indenização independentemente do elemento subjetivo, e independentemente da capacidade do patrimônio do agente público para suportar a execução correspondente.

Por outro lado, a exclusão da responsabilidade perante o prejudicado, para que este não possa cobrar diretamente do agente público a indenização, somente se justifica em se tratando de agente político. Não quando se trata de agente administrativo. É que tratando-se de agente político pode ser conveniente ao Estado, por razões políticas, suportar o ônus da indenização e nada cobrar do seu agente. Não promover contra este a ação regressiva. Em se tratando, porém, de agente administrativo, que deve conduzir-se sempre nos termos da lei, se o Estado assumir o ônus da

114 RESPONSABILIDADE PESSOAL DO AGENTE PÚBLICO

indenização pelos danos que causar estará concedendo autorização para agir fora da lei, o que não se pode, de nenhum modo, admitir.

Não temos dúvida, portanto, de que a ação de indenização por dano decorrente de ação estatal, praticada com culpa ou dolo por agente administrativo, pode ser contra este promovida diretamente por quem tenha sofrido o dano. Para tanto é necessária, obviamente, a individualização do agente público – e esta, em muitos casos, não é fácil. A complexidade da estrutura administrativa pode dificultar ou até tornar impossível a identificação da pessoa que, a final, deve ser responsabilizada pela ação ou pela omissão estatal causadora do dano. Pode ocorrer, também, que o prejudicado não queira se indispor contra o agente público, por medo de retaliação ou por qualquer outra razão. Em tais situações deve optar pela ação apenas contra o Estado, que responde objetivamente pelo dano. E neste caso o processo de conhecimento poderá ser bem mais simples, posto que será bastante a demonstração da existência do dano e da relação de causalidade entre este e a ação estatal.

Não se pode, todavia, excluir a possibilidade da propositura de ação de indenização, pelo prejudicado, diretamente contra o agente público. É preciso que se trate de agente administrativo, que esteja claramente identificado como o responsável pela conduta lesiva, e que tenha agido com culpa ou dolo. Além disto, o valor da indenização pretendida deve ser relativamente modesto, posto que há de ser garantido pelo patrimônio pessoal do réu.

Esta, porém, não é a opinião do eminente administrativista Hely Lopes Meirelles, como a seguir se verá.

3.5 Ação contra o agente público e contra o Estado

Segundo Hely Lopes Meirelles, em face da responsabilidade objetiva do ente público, estabelecida pelo art. 37, § 6º, da vigente Constituição Federal, não existe a responsabilidade pessoal do agente público, a não ser perante o ente público a que serve, titular da ação regressiva contra ele nos casos de dolo ou culpa. Em suas palavras, em texto depois alterado mas que, para compreendermos o seu entendimento vamos transcrever, ele afirmou:

A *ação de indenização da vítima* deve ser ajuizada unicamente contra a entidade pública responsável, não sendo admissível a inclusão do servidor na demanda. O lesado por ato da Administração nada tem a ver com o agen-

ASPECTOS PROCESSUAIS 115

te causador do dano, visto que seu direito, constitucionalmente reconhecido (art. 37, § 6º), é o de ser reparado pela pessoa jurídica, e não pelo agente direto da lesão. Por outro lado, o servidor culpado não está na obrigação de reparar o dano à vítima, visto como só responde pelo seu ato ou por sua omissão perante a Administração a que serve, e só em ação regressiva poderá ser responsabilizado civilmente. O causador do dano não pode ser obrigado a integrar a ação que a vítima intenta contra a Administração, mas pode, voluntariamente, intervir como assistente da Administração. O legislador constituinte bem separou as responsabilidades: o Estado indeniza a vítima; o agente indeniza o Estado, regressivamente.

Inexplicavelmente, o Código de Processo Civil determina a denunciação da lide "aquele que estiver obrigado, pela lei ou pelo contrato, a indenizar, em ação regressiva, o prejuízo do que perder a demanda."(art. 70, III), sem excepcionar expressamente desse chamamento o agente causador do dano. Mas é intuitivo que esse dispositivo não alcança os servidores públicos nas ações indenizatórias movidas contra a Administração, já porque a norma processual não pode contrariar a Constituição, que estabelece a responsabilidade *exclusiva e objetiva* da Administração perante a vítima; já porque o causador do dano não pode ser compelido a discutir culpa nesta ação; já porque o autor não pode ser obrigado a litigar com agente que a Constituição exclui da demanda. Por todos esses fundamentos, é inaplicável a denunciação da lide pela Administração a seus servidores ou, mesmo, a citação direta pela vítima.[7]

Para obter a indenização basta que o lesado acione a Fazenda Pública e demonstre o nexo causal entre o fato lesivo (comissivo ou omissivo) e o dano, bem como seu montante. Comprovados esses dois elementos, surge naturalmente a obrigação de indenizar. Para eximir-se dessa obrigação incumbirá à Fazenda Pública comprovar que a vítima concorreu com culpa ou dolo para o evento danoso. Enquanto não evidenciar a culpabilidade da vítima, subsiste a responsabilidade objetiva da Administração. Se total a culpa da vítima, fica excluída a responsabilidade da Fazenda Pública; se parcial, reparte-se o *quantum* da indenização.[8]

Toshio Mukai entende que a vítima do dano pode promover ação contra o Estado, que tem responsabilidade objetiva, ou contra o funcionário, que tem responsabilidade subjetiva pela respectiva indenização, na hipótese de dano decorrente de ação estatal. Não admite a discussão dessas duas formas de responsabilidade em uma ação única, somente sendo possível a cumulação das ações na hipótese de dano decorrente

7. STF, *RTJ* 100/1.353, 105/225, 106/1.054.
8. Hely Lopes Meirelles, *Direito Administrativo Brasileiro*, 17ª ed., São Paulo, Malheiros Editores, 1992, pp. 562 e 563.

116 RESPONSABILIDADE PESSOAL DO AGENTE PÚBLICO

de omissão, em que a responsabilidade, tanto do funcionário, quanto do ente público, é subjetiva.[9]

Admitindo a possibilidade de ação contra o Estado e também contra o agente público manifestam-se, entre outros, Oswaldo Aranha Bandeira de Mello e Celso Antônio Bandeira de Mello,[10] este último invocando em seu apoio a jurisprudência do Supremo Tribunal Federal que, segundo verificamos, efetivamente tem reconhecido que o lesado pode mover ação contra o Estado e contra o agente, conjuntamente.[11]

Ao optar pela ação também contra o agente público o autor estará buscando fazer valer o sentido punitivo da indenização, atitude que seguramente funcionará, na medida em que muitos a adotarem, como excelente remédio contra os abusos praticados em nome do Estado. Aliás, insistimos em afirmar que só o fato de ser chamado a juízo como réu, e ter de contratar advogado para defender-se, já induzirá o agente público em sua atividade funcional a tratar com mais cuidado os direitos alheios. E uma condenação ao pagamento de indenização, por mais modesto que seja o valor desta, certamente terá muito mais efeito contra as práticas abusivas do que a condenação da Fazenda Pública ao pagamento de uma vultosa indenização, porque, saindo esta dos cofres públicos, na verdade sai do bolso de todos nós contribuintes.

Por isto, se a vítima do dano está convencida de que o agente público agiu com dolo ou culpa, deve promover ação contra ele e contra o Estado. Dirá que pretende provar a ocorrência de dolo, ou de culpa do primeiro réu, e pedirá a condenação de ambos, responsáveis solidários que são pela indenização correspondente. Formulará, porém, contra o Estado, que tem responsabilidade objetiva, pedido subsidiário a ser deferido na hipótese de o julgador, a final, não restar convencido da presença do elemento subjetivo indispensável ao atendimento do pedido principal.

O inconveniente que o autor poderá enfrentar na instrução para provar o dolo ou a culpa, com certeza será recompensado com a brevidade na execução da sentença contra o agente público, com a penhora e

9. Este é o ponto de vista que o eminente administrativista expressou em correspondência que me dirigiu, no dia 12.12.2001, em resposta a meu questionamento a respeito do assunto.

10. Celso Antônio Bandeira de Mello, *Curso de Direito Administrativo*, 32ª ed., São Paulo, Malheiros Editores, 2016, pp. 1.066-1.067.

11. RE 90.071, *RTJ* 96/237; RE 94.121-MG, rel. Min. Moreira Alves, *RTJ* 105/225-234; entre outros julgados.

ASPECTOS PROCESSUAIS   117

o leilão de bens, que possivelmente nem chegarão a ocorrer porque, uma vez definitivamente condenado, o réu certamente pagará a indenização devida para não sofrer o constrangimento da execução.

Por outro lado, se o réu, agente público, não dispuser de patrimônio suficiente para suportar a execução da sentença, poderá esta ser executada contra o ente público, com a expedição do precatório correspondente.

Ressalte-se, finalmente, que a ação contra o agente público e contra o Estado, conjuntamente, deve ser proposta somente nos casos em que o a individualização do responsável pelo dano não ofereça dificuldades, e possa o elemento subjetivo, necessário à responsabilização deste, ser facilmente demonstrado. Se não estiverem presentes esses dois requisitos, vale dizer, a individualização do agente público causador do dano, e o dolo ou a culpa deste, deve o autor optar pela ação somente contra o Estado.

4. Processo de conhecimento e processo de execução

4.1 A decisão e sua execução

Quando questionamos a responsabilidade pessoal do agente público por danos ao contribuinte, não podemos deixar de considerar que a efetivação do direito à indenização exige não apenas o reconhecimento desse direito em decisão do Poder Judiciário, mas, também, a execução dessa decisão, vale dizer, providências necessárias à execução da decisão judicial que afirma a sua existência. Em outras palavras, para a efetivação do seu direito à indenização o contribuinte tem de enfrentar o processo de conhecimento e, depois, o processo de execução, na fase do cumprimento da sentença

Em outras palavras, para a efetivação do direito do contribuinte à indenização por danos que lhe sejam causados por um agente público são necessárias uma decisão judicial, que afirma a existência desse direito e que é obtida em processo de conhecimento, e ainda a execução dessa decisão, que se faz mediante o processo de execução.

A decisão que reconhece o direito do contribuinte à indenização, quando é proferida contra a Fazenda Pública, tem execução mediante o malsinado precatório, que pode ser um grave inconveniente a ser considerado.

Mesmo assim, nos casos em que o contribuinte não pode identificar o agente público causador do dano, ou não dispõe de meios para comprovar

118 RESPONSABILIDADE PESSOAL DO AGENTE PÚBLICO

culpa ou dolo na conduta deste, no processo de conhecimento deve optar pela ação contra o Estado. Essa mesma opção também deve ser feita nos casos em que o valor do dano seja de montante que o Agente Público não tem como suportar.

4.2 Opção apenas no processo de execução

Nos casos em que o contribuinte pode identificar com segurança o agente público causador do dano, mas promove a ação contra os dois, vale dizer, o agente público e o Estado, julgada procedente a ação, e não sendo o valor do dano muito elevado a ponto de não poder ser suportado pelo Agente Fiscal, o contribuinte poderá exercer a opção de cobrar do agente público, e assim executar a sentença somente contra este, fazendo, assim, com que o agente público suporte o ônus correspondente. Desta forma a condenação produzirá o efeito didático desejado.

Em qualquer caso, não é recomendável a propositura de ação apenas contra o Agente Fiscal porque, se não restar comprovado o dolo ou a culpa do réu, ou se por uma razão qualquer este não puder suportar o ônus, o tempo já decorrido pode implicar a prescrição da ação contra o Estado, e, assim, o contribuinte lesado ficará sem a reparação do dano sofrido.

8.
CONCLUSÕES

Diante de todo o exposto, e para simplificar a compreensão dos aspectos processuais mais relevantes no tema da responsabilidade pessoal do agente fiscal por danos ao contribuinte, e viabilizar a efetivação do direito deste à indenização, podemos firmar as seguintes conclusões:

1ª) Quando o contribuinte lesado não tiver certeza de quem tenha sido o agente fiscal que lhe causou o dano, o procedimento recomendável é a propositura da ação contra o Estado, posto que este responde objetivamente e, assim, embora existam dificuldades no que diz respeito à execução da sentença, com a necessidade de expedição de precatório, é melhor cobrar a indenização do Estado.

2ª) Quando o contribuinte lesado tiver certeza de quem tenha sido o agente fiscal que lhe causou o dano, mas o montante deste seja elevado a ponto de se saber que o agente fiscal não terá condições de satisfazer sua obrigação de indenizar, o procedimento recomendável também é a propositura da ação contra o Estado.

3ª) Quando o contribuinte lesado tiver certeza de quem tenha sido o agente fiscal que lhe causou o dano, e o valor do dano não seja muito elevado, o procedimento recomendável é a propositura da ação contra o Estado e contra o agente fiscal, formulando pedidos sucessivos, o primeiro para que o Juiz condene o agente fiscal e o segundo, que o Juiz atenderá se não lhe parecer comprovado o dolo ou a culpa, para que condene o Estado.

4ª) No caso de ação contra os dois, o Estado e o agente fiscal, julgada procedente, e não sendo o valor do dano muito elevado a ponto de não poder ser suportado pelo agente fiscal, o contribuinte poderá executar a sentença somente contra o agente público, fazendo desta forma com que

120   RESPONSABILIDADE PESSOAL DO AGENTE PÚBLICO

este suporte o ônus correspondente e, assim, a condenação produza o efeito didático desejado.

5ª) Não é recomendável a propositura de ação apenas contra o agente fiscal porque, se não restar comprovado o dolo ou a culpa do réu, ou se, por uma razão qualquer, este não puder suportar o ônus, o tempo já decorrido pode implicar a prescrição da ação contra o Estado, e, assim, o contribuinte lesado ficará sem a reparação do dano sofrido.

BIBLIOGRAFIA

Artigos

ARAGÃO, Alexandre Santos de: "Os fundamentos da responsabilidade civil do Estado". *BDA – Boletim de Direito Administrativo*, fevereiro/2005, pp. 183-190, São Paulo, NDJ.

BACELLAR FILHO, Romeu Felipe, e WUNDER HACHEM, Daniel. "Transferências voluntárias na Lei de Responsabilidade Fiscal: limites à responsabilidade pessoal do ordenador de despesas por danos decorrentes da execução de convênio". *Interesse Público*, n. 60, março-abril/2010, pp. 25-62, Belo Horizonte, Fórum.

BARROS, Humberto Gomes de. "Reforma cultural ou falência do Poder Judiciário". *Themis – Revista da Escola Superior da Magistratura do Estado do Ceará*, n. 2 de 1999, pp. 79-99.

CALIMÉRIO, Romeu Azevedo. "Responsabilidade civil dos agentes do Fisco". *Revista de Estudos Fiscais*, n. 8, agosto/1950, pp. 301-306, São Paulo, Centro de Estudos dos Agentes Fiscais do Imposto de Consumo.

CARVALHO, Pedro Jorge da Rocha. "Aspectos contextuais afeitos aos agentes públicos e à Administração", *Revista do Instituto dos Magistrados do Ceará*, n. 17, janeiro-junho/2005, pp. 389-435.

CAVALCANTE FILHO, Raimundo. "Desobediência à ordem judicial". *O Estado*, 24.10.2001, p. 2,. Fortaleza-Ceará.

FRANCIULI NETTO, Domingos. "Unificação dos processos condenatório, liquidatório e executório". *Revista do Centro de Estudos do Conselho da Justiça Federal*, n. 13, abril/2001, pp. 32-37.

FREITAS, Newton. "O auto de infração e o direito do contribuinte", *Jornal da Associação de Bancos do Estado do Ceará-ABANCE*, ano V, n. 41, agosto/2001, p. 1, Fortaleza-Ceará.

122   RESPONSABILIDADE PESSOAL DO AGENTE PÚBLICO

GASPARINI, Diógenes, e MOTTA, Carlos Pinto Coelho. "Responsabilidade dos Procuradores e Assessores jurídicos da Administração Pública". *BDA – Boletim de Direito Administrativo*, março/2005, pp. 281-/295, São Paulo, NDJ.

MACHADO, Agapito. "Monstrengos jurídicos". *Diário do Nordeste*, 15.10.2001, p. 2, Fortaleza-Ceará.

MORAES, Luís Felipe do Nascimento. "Agentes Públicos". In HARGER, Marcelo (Coord.), *Curso de Direito Administrativo*. Rio de Janeiro, Forense, 2008.

PROSDÓCIMO NETO, Pedro." Um show de arbitrariedade", *Revista Náutica*, n. 154, p. 114, São Paulo, <www.nautica.com.br>.

RODRIGUES, Carlos Roberto Martins. "Descumprimento de ordem". *Diário do Nordeste*, 18.10.2001, p. 2, Fortaleza-Ceará.

SANCHES, J. L. Saldanha, e GAMA, João Taborda da. "Pressuposto administrativo e pressuposto metodológico do princípio da solidariedade social: a derrogação do sigilo bancário e a cláusula geral anti-abuso". In GRECO, Marco Aurélio, e GODOI, Marciano Seabra de. *Solidariedade Social e Tributação*. São Paulo, Dialética, 2005, p. 92.

WEISS, Fernando Lemme. "O Direito Constitucional de ampla defesa e a denunciação da lide aos agentes públicos". *Boletim Informativo Juruá*, 395, 1 a 15.8.2005, pp. 12-17.

Livros monográficos

ALCÂNTARA, Maria Emília Mendes. *Responsabilidade do Estado por Atos Legislativos e Jurisdicionais*. São Paulo, Ed. RT, 1988.

ALPA, Guido. *Responsabilità civile e danno – Lineamento e questioni*. Genova, Il Mulino, 1990.

AMARANTE, Aparecida I. *Responsabilidade Civil por Dano à Honra*. Belo Horizonte, Del Rey, 1991.

ARAÚJO, Edmir Netto de. *Responsabilidade do Estado por Ato Jurisdicional*. São Paulo, Ed. RT, 1981.

ARAÚJO, Jackson Borges. *A Responsabilidade Civil do Estado por Danos Causados aos Agentes Econômicos*. Recife, Universidade Federal de Pernambuco, 1999.

ASOREY, Rubén O. *Protección Constitucional de los Contribuyentes*. Madrid/ Barcelona, Marcial Pons, 2000.

BIBLIOGRAFIA 123

ASSIS NETO, S. J. de. *Dano Moral – Aspectos Jurídicos*. Araras-São Paulo, Bestbook, 1998.

AUGUSTIN, Sérgio (Coord.). *Dano Moral e sua Quantificação*. Caxias do Sul, Plenum, 2004 (4ª ed., 2007).

BAZHUNI, Marco Antonio. *Da Responsabilidade Civil do Estado em Decorrência de sua Atividade Administrativa*. Rio de Janeiro, Lumen Juris, 1992.

BROTÓNS, Antonio Remiro. *El Caso Pinochet – Los límites de la Impunidad*. Madrid, Biblioteca Nueva, 1999.

BRUNINI, Weida Zancaner. *Da Responsabilidade Extracontratual da Administração Pública*. 2ª ed. São Paulo, Malheiros Editores, 2008.

BÜHRING, Marcia Andrea. *Responsabilidade Civil Extracontratual do Estado*. São Paulo, Thomson/IOB, 2004.

CAHALI, Yussef Said. *Responsabilidade Civil do Estado*. 2ª ed. São Paulo, Malheiros Editores, 1996.

CAPARRÓS, Eduardo A. Fabián. *La Corrupción: Aspectos Jurídicos e Económicos*. Salamanca, Ratio Legis, 2000.

CAPPELLETTI, Mauro. *Juízes Irresponsáveis?*. Trad. de Carlos Alberto Alvaro de Oliveira. Porto Alegre, Sérgio Antonio Fabris, 1989.

CARDOSO, Hélio Apoliano. *Responsabilidade Civil no Novo Código Civil – Doutrina, Jurisprudência, Prática*. Campinas-São Paulo, ME, 2004.

CORREIA, Maria Lúcia C. A. Amaral Pinto. *Responsabilidade do Estado e Dever de Indemnizar do Legislador*. Coimbra, Coimbra Editora, 1998.

DEL RÍO, Jaime Concheiro. *Responsabilidad Patrimonial del Estado por la Declaración de Inconstitucionalidad de las Leyes*. Madrid, DIJUSA, 2001.

DIAS, José de Aguiar, *Da Responsabilidade Civil*. 9ª ed. Rio de Janeiro, Forense, 1994.

FRANÇA, Reginaldo de. *Fiscalização Tributária – Prerrogativas e Limites*. Curitiba, Juruá, 2003.

GARCÍA, Maria Consuelo Alonso. *La Responsabilidad Patrimonial del Estado-Legislador*. Madrid/Barcelona, Marcial Pons, 1999.

GIGENA, Julio I. Altamira. *Responsabilidad del Estado*. Buenos Aires, Astrea, 1973.

GONÇALVES, Carlos Roberto. *Responsabilidade Civil*. 8ª ed. São Paulo, Saraiva, 2003.

GUIMARÃES, M. A. Miranda. *Ação Fiscal*. Porto Alegre, Lael.

124   RESPONSABILIDADE PESSOAL DO AGENTE PÚBLICO

GUIMARÃES, Vasco Branco, *A Responsabilidade Civil da Administração Fiscal Emergente da Obrigação de Imposto*. Belo Horizonte, Ef/lfdt, 2007.

LECHUGA, Francisco Javier Jiménez. *La Responsabilidad Patrimonial de los Poderes Públicos en el Derecho Español*. Madrid/Barcelona, Marcial Pons, 1999.

LIEBMAN, Enrico Tullio. *Embargos do Executado*. Trad. de J. Guimarães Manegale. 2ª ed. São Paulo, Saraiva, 1968.

LÓPEZ-MUÑIZ, José Luis Martínez, e VELÁZQUEZ, Antonio Calonge (Coords.). *La Responsabilidad Patrimonial de los Poderes Públicos*. III Coloquio Hispano-Luso de Derecho Administrativo. Valladolid. 16-18 de outubro de 1997, Madrid/Barcelona, Marcial Pons, 1999.

MACHADO, Agapito. *Juizados Especiais Criminais*. São Paulo, Saraiva, 2001.

MATIAS, João Luís Nogueira. *Responsabilidade Tributária de Sócios no Mercosul*. Belo Horizonte, Mandamentos, 2001.

NOGUEIRA, Ruy Barbosa. *Teoria do Lançamento Tributário*. São Paulo, Resenha Tributária, 1973.

OLIVEIRA, Joyce Chagas de. *Responsabilidade Pessoal do Agente Público*. Curitiba, Juruá, 2014.

PÉREZ, Jesús González. *La ética en la Administración Pública*. Madrid, Civitas, 2000.

_____. *Responsabilidad Patrimonial de las Administraciones Públicas*. Madrid, Civitas, 2000.

QUIRINO, Arnaldo. *Prisão Ilegal e Responsabilidade Civil do Estado*. São Paulo, Atlas, 1999.

REIS, Clayton. *Dano Moral*. Rio de Janeiro, Forense, 1991.

RÍO, Jaime Concheiro del. *Responsabilidad Patrimonial del Estado por la Declaración de Inconstitucionalidad de las Leyes*. Madrid, DIJUSA, 2001.

ROCHA, Cármen Lúcia Antunes. *Princípios Constitucionais da Administração Pública*. Belo Horizonte, Del Rey, 1994.

RUBUI, Miguel Casino. *Responsabilidad Civil de la Administración y Delito*. Madrid/Barcelona, Marcial Pons, 1998.

SCOTTI, Luigi. *La Responsabilità Civile dei Magistrati*. Milano, Giuffreè, 1988.

BIBLIOGRAFIA 125

SIERRA, María Teresa Mata. *La Responsabilidad Patrimonial de la Administración Tributaria*. Valladolid, Lex Nova, 1997.

SIQUEIRA, Marcelo Sampaio. *Responsabilidade do Estado – Erro Judicial Praticado em Ação Cível*. Belo Horizonte, Mandamentos, 2001.

STERMAN, Sonia. *Responsabilidade do Estado*. São Paulo, Ed. RT, 1992.

STOCO, Rui. *Tratado de Responsabilidade Civil*. 6ª ed. São Paulo, Ed. RT, 2004.

THEODORO JÚNIOR, Humberto. *Dano Moral*. 2ª ed. São Paulo, Juarez de Oliveira, 1999.

TROIANELLI, Gabriel Lacerda. *Responsabilidade do Estado por Dano Tributário*. São Paulo, Dialética, 2004.

TRUJILLO, Elcio. *Responsabilidade do Estado por Ato Lícito*. São Paulo, LED, 1996.

VALADÉS, Diego. *El Control del Poder*. México, Universidad Nacional Autónoma de México, 1998.

VARGAS, Jorge de Oliveira. *Responsabilidade Civil do Estado pela Demora na Prestação da Tutela Jurisdicional*. Curitiba, Juruá, 1999.

YEBRA, Joaquín Meseguer. *La responsabilidad patrimonial de las Administraciones Públicas: indemnización y plazo de prescripción*. Barcelona, Bosch, 2000.

ZENUN, Augusto. *Dano Moral e sua Reparação*. 2ª ed. Rio de Janeiro, Forense, 1994.

Outros livros

CUNHA, Sérgio Sérvulo da. *Fundamentos de Direito Constitucional*. São Paulo, Saraiva, 2004.

DI PIETRO, Maria Sylvia Zanella. *Direito Administrativo*. 11ª ed. São Paulo, Atlas, 1999.

DINIZ, Maria Helena. *Curso de Direito Civil*. vol. VII, 18ª ed. São Paulo, Saraiva, 2004.

FIGUEIREDO, Lucia Valle. *Curso de Direito Administrativo*. 8ª ed., São Paulo, Malheiros Editores, 2008.

GASPARINI, Diógenes. *Direito Administrativo*. 2ª ed. São Paulo, Saraiva, 1992 (8ª ed., 2003).

126 RESPONSABILIDADE PESSOAL DO AGENTE PÚBLICO

KELSEN, Hans. *Teoria Pura do Direito*. 3ª ed. Trad. de João Baptista Machado. Coimbra, Arménio Amado, 1974.

MEIRELLES, Hely Lopes. *Direito Administrativo Brasileiro*, 42ª ed. São Paulo, Malheiros Editores, 2016.

MELLO, Celso Antônio Bandeira de. *Curso de Direito Administrativo*. 33ª ed. São Paulo, Malheiros Editores, 2016.

RODRIGUES, Silvio. *Direito Civil*, vol. 4, 19ª ed. São Paulo Saraiva, 2002.

VENOSA, Sílvio de Salvo. *Direito Civil*, vol. 4, 4ª ed. São Paulo, Atlas, 2004.

* * *

00233

00233

GRÁFICA PAYM
Tel. [11] 4392-3344
paym@graficapaym.com.br